Gudrun Thiel

Landgasthöfe
in Deutschland

Steiger-Gastronomie-Führer

Gudrun Thiel

Landgasthöfe
in Deutschland

98 Farbabbildungen und
eine Übersichtskarte

STEIGER
VERLAG

Die Autorin:
Gudrun Thiel stammt aus Paderborn und lebt in München. Nach ihrer Ausbildung zur Filmautorin beim Bayerischen Fernsehen war sie Redakteurin bei Magazinen wie »Pan«, »Playboy«, »Ambiente« und »Bunte«. Heute arbeitet sie als Buchautorin und als freie Journalistin für Blätter wie »SZ-Magazin«, »Stern« und »Gala«. Insbesondere schreibt sie kulinarische Beiträge für Zeitschriften.

Die Deutsche Bibliothek – CIP-Einheitsaufnahme

Thiel, Gudrun:
Landgasthöfe in Deutschland / Gudrun Thiel. –
Augsburg : Steiger, 1998
   (Steiger-Gastronomie-Führer)
   ISBN 3-89652-131-4

Alle Informationen und Hinweise ohne jede Gewähr und Haftung.

Gedruckt auf chlorfrei gebleichtem Papier.

© 1998 **Steiger Verlag**
Ein Imprintverlag der Weltbild Verlag GmbH, Augsburg
Alle Rechte vorbehalten
Lektorat: Evelyn Köhler
Kartenskizze: Ingenieurbüro für Kartographie Heidi Schmalfuß, München
Layoutentwurf: Petra Pawletko, Augsburg
Umschlaggestaltung: Daniela Schäfer
Satz, Layout und Reproduktion: Uhl + Massopust GmbH, Aalen
Druck und Bindung: Appl, Wemding

Einbandvorderseite: Landgasthof in Norddeutschland (Mauritius, Mittenwald).
S. 1: Friesenhof Cornelius, Nordseebad Dorum; S. 2/3: Gasthaus Bongsiel, Ockholm-Bongsiel
Soweit nicht anders angegeben, stammen alle Abbildungen von den jeweiligen Gasthöfen.

Printed in Germany

ISBN 3-89652-131-4

Inhalt

Vorwort

Es gibt in Deutschland, in den alten und neuen Bundesländern, viele wunderschöne, einladende, hervorragend geführte Gasthöfe. Zu viele, um ein paar wenige Dutzend von ihnen als die besten auszuwählen. Aber eine Auswahl mußten wir nun mal treffen. Sie verstehen wir als Teil des Ganzen, als repräsentative Auswahl deutscher Gastlichkeit, wohl wissend, daß es noch etliche andere Häuser gibt, die zu besprechen sich auch lohnen würde, hätten wir für diese Ausgabe die doppelte Menge Platz.

Ebenso schwierig, wie die endgültige Auswahl zu treffen, war es für uns, die Grenze zu ziehen zwischen einem typischen Landgasthof und dem Restaurant in einmalig schöner Umgebung. Diese Grenze verläuft oft fließend. So gibt es das schlichte Wirtshaus mit eigener Metzgerei, den stattlichen Gutshof, die ehemalige Poststation mit ihrer langen Geschichte, das liebevoll restaurierte Fachwerkhaus, die alte Mühle, den Klostergasthof mit den blankgescheuerten Tischen, den reetgedeckten Bauernhof an der Küste, das schicke Landhaus mit Antiquitäten und eleganter Tischdekoration. Die Kategorien müssen vielleicht auch gar nicht so strenggenommen werden, solange sich alle Angebote auf den einen großen Nenner bringen lassen: Die Küche sollte Regionales zu bieten haben, ob herzhaft oder deftig, ob verfeinert oder gehoben. Die Kräuter und das Gemüse sollen aus dem eigenen Garten kommen, das Fleisch aus eigener Tierhaltung oder Jagd. Wenn nicht, dann haben wenigstens die Bauern und Metzger aus der Umgebung geliefert. Die Fische sind selbstverständlich frisch gefangen in eigenen Teichen oder hinter heimischen Deichen. Und manchmal sind dazu das Bier selbstgebraut und der Schnaps selbstgebrannt. Unsere Landgasthöfe liegen nicht nur idyllisch, sondern oft auch noch in und an Naturschutzgebieten. So kommen Naturliebhaber und Erholungsuchende immer auf ihre Kosten – auf Wanderwegen durch Täler und Wälder, über Hügel und Felder, an Flüssen und Küsten. Viele Häuser organisieren zusätzlich Kutsch- oder Bootsfahrten, geben Tips für vielerlei körperliche Betätigung.

Wir haben uns bemüht, jedem Geldbeutel gerecht zu werden. Unsere Auswahl ist eine bunte Mischung der Preiskategorien günstig bis gehoben.

München, Januar 1998

Gudrun Thiel

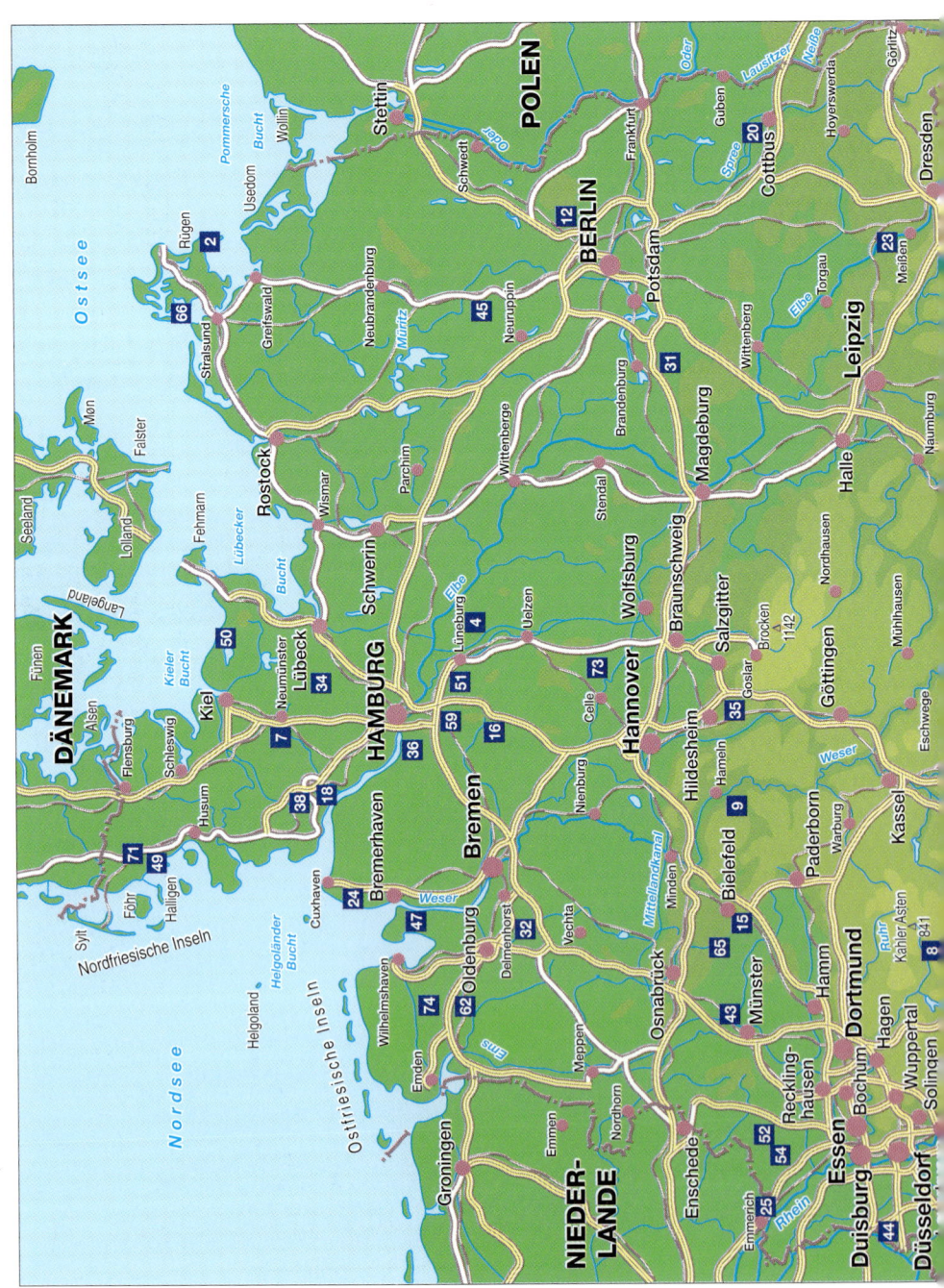

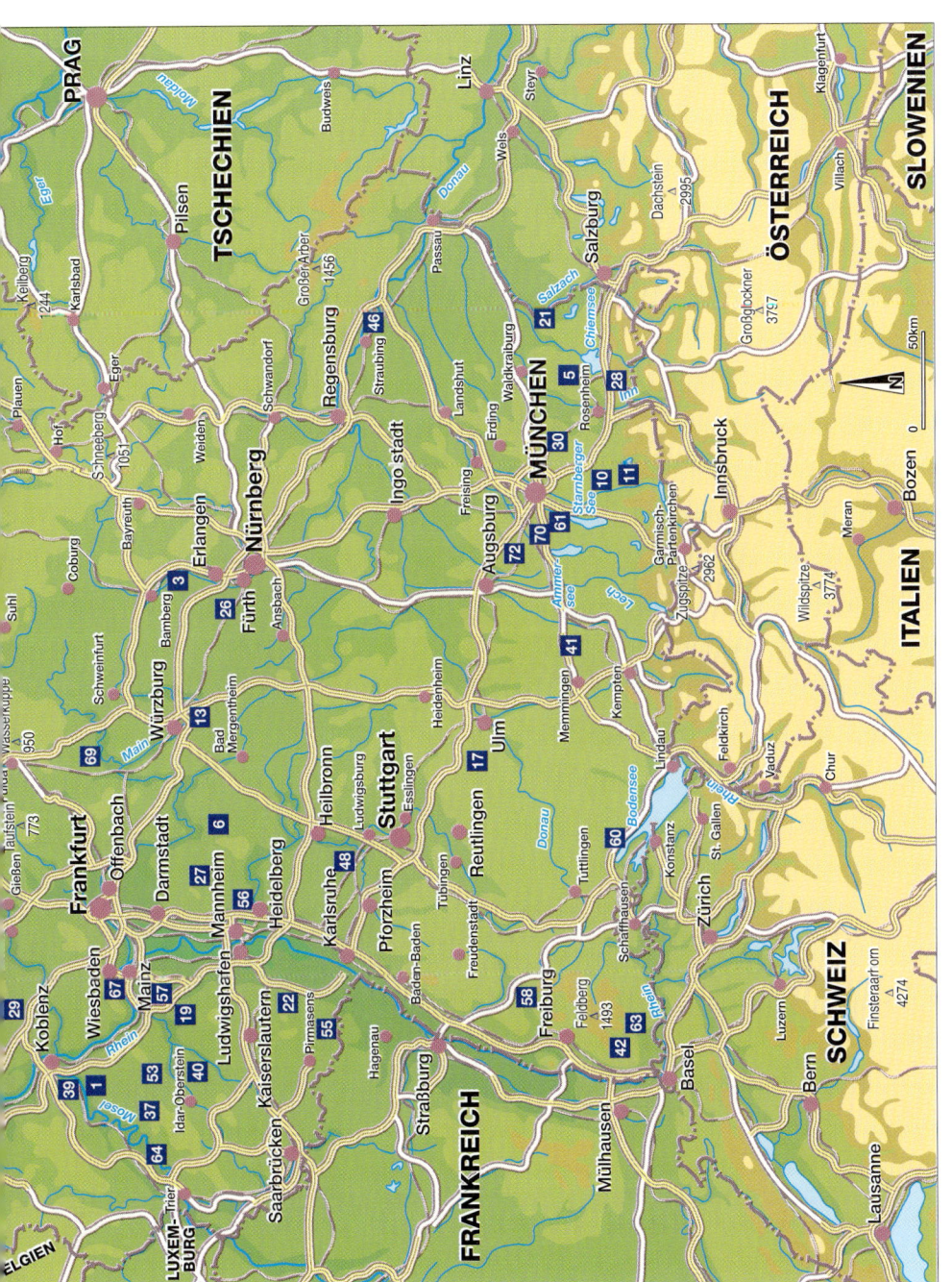

1 Turmgasthaus Burg-Thurant, Alken/Mosel

Das Wichtigste in Kürze

Ein erhebendes Gefühl, in diesem Traditionsturmgasthof zu speisen. Dabei kann man noch die vorbeiziehenden Schiffe auf der Mosel beobachten. Feine Spezialitäten aus der Region kommen aus der Küche. Ideales Gebiet für Erkundungstouren. Für Übernachtungen ist gesorgt.

Preise:	Speisen und Moselweine mittel, ausländische Weine gehoben
Öffnungszeiten:	17.30 bis 23.00 Uhr, Samstag, Sonn- und Feiertage 12.00 bis 23.00 Uhr, Montag Ruhetag
Anschrift:	Turmgasthaus Burg-Thurant, Moselstraße 16, 56332 Alken/Mosel, Telefon: 02605/3581
Spezialitäten:	Moselaal in Dill
Sitzplätze:	70 in zwei Räumen, im Weingarten 30
Unterkunft:	5 Zimmer
Unterkunftspreise:	Günstig

Lange Tradition und viel Atmosphäre prägen das Gasthaus und den historischen Weinort Alken an der Mosel. Das imposante Gebäude aus dem 16. Jahrhundert mit den blumengeschmückten Sprossenfenstern und seinem Wehr-
turm von 1256 steht am Flußufer in Höhe der Anlegestelle. Es heißt, daß hier
einst die Römer ihre Pferde auswechselten, die stromaufwärts die Schiffe ziehen mußten. An solche Stationen waren Gasthäuser mit Unterkunft ange-
schlossen. Im Mittelalter gehörte der Gasthof zu der auf dem Berg stehenden
Ritterburg, daher sein Name.
Vor über zwanzig Jahren betrieben zwei alte Damen hier eine kleine unschein-
bare Gaststube mit lediglich ein paar Moselweinen im Ausschank.1983 ließ der
neue Eigentümer das alte Backsteinhaus restaurieren. Seitdem sind Gasthaus
und Turm miteinander verbunden. Ein Stockwerk über dem Gasthof sind die
Fremdenzimmer, alle mit Aussicht zur Mosel. Oben in der Turmspitze lagern
hier die Weine; gar nicht so erstaunlich, wenn man weiß, daß mindestens einmal im Jahr – bei Hochwasser – der Weinkeller unter Wasser stand. 1993 stieg
es sogar bis in die Gaststube. Da wurde die rettende Idee geboren, die Weine
unters Dach zu verlagern.
Die Gaststube ist urgemütlich. In der Mitte steht der alte Backofen, in dem
manchmal noch Brot gebacken wird. Ein Kamin und die alten Wirtshaustische
runden das rustikale Ambiente noch ab. Die guten moselländischen Speisen
der Wirtsleute tun ein übriges, die Behaglichkeit der Gäste zu vervollständigen.
Als Spezialität muß man den Kartoffelpudding in zwei Soßen probieren.

Der Weg

Autobahn Bingen – Koblenz A 61, Abfahrt Dieblich,
die B 49 bis Alken.

Sehenswürdigkeiten

Historische St. Michaelskirche, Galerie im historischen Rathaus. Ältestes Gebäude im Ort ist der »Laa-
cher Hof« (1093, Verwaltungssitz des Pfalzgrafen zu Heidelberg); Fallertor, ein-
stiges Haupttor der Stadtbefestigung. Die Pfarrkirche mit barockem Seitenaltar
von 1708. Burg Eltz gute 7 km entfernt (in Alken über die Brücke fahren). Die
Burg Pyrmont bei Pillich. Schiffstour bis Cochem (20 km).

Reizvolle Wege

Wanderwegenetz von 80 km. Kleine Leinpfade an der
Mosel. Ein schöner Weg führt durch die Weinberge zur
Burg Thurant. Eine besonders schöne Tour führt durch das Alkener Bachtal zum
Bleidenberg, weiter über den Panoramaweg (an Weinberghängen entlang) bis
zum Nachbarort Oberfell.

Das Wichtigste in Kürze

Im Süden auf der Insel Rügen liegt dieses orginalgetreue Bauernhaus mit Scheune und Stall. Nur das Nötigste ist umgebaut worden. Aus der Küche kommt Traditionelles nach altem Brauch und alten Rezepten, insbesondere Fischspezialitäten. Ein Erlebnis: der Ausflug über die Insel mit der letzten Dampfschmalspurbahn. Übernachtungsmöglichkeiten vorhanden.

Preise:	Speisen und Getränke günstig, Besonderes mittel
Öffnungszeiten:	Montag bis Sonntag, 12.00 bis 14.00 Uhr, 17.30 bis 22.00 Uhr (warme Küche). Am Dienstag ist mittags geschlossen. Eventuell andere Zeiten im März und Oktober. In den Wintermonaten für einige Zeit geschlossen.
Anschrift:	Kliesows Reuse, Dorfstraße 23 a, 18586 Alt Reddevitz, Telefon/Fax: 03 83 08/21 71
Spezialitäten:	Schellhering mit Schausterstipp (Specksoße) und Pellkartoffeln, sauer eingelegter Aal mit Bratkartoffeln
Sitzplätze:	90 in zwei Räumen
Unterkunft:	8 Ferienwohnungen
Unterkunftspreise:	Günstig bis mittel

Der südliche Teil Rügens nennt sich Mönchsgut. Alt Reddevitz soll ursprünglich der erste Sitz der Eldenaer Klostermönche gewesen sein. Der hufeisenförmig angelegte Bauernhof fand im Jahre 1574 das erste Mal Erwähnung. Seit 1847 ist er in Familienbesitz. Als die Familie von der Landwirtschaft allein nicht mehr leben konnte, funktionierte sie 1991 das Bauernhaus zum Gasthof um. Soviel wie möglich sollte beim Alten bleiben. So hängen an den Wänden jede Menge Utensilien von den Fischern und Bauern aus vergangenen Zeiten. Vor vier Jahren ist der ehemalige Kornboden umgebaut worden und bietet nun weitere 50 Sitzplätze. Seit einigen Monaten stehen Ferienwohnungen zur Verfügung. Wenn man hier angekommen ist, möchte man mindestens ein paar Tage verweilen und diese schöne Landschaft mit Bodden und Wieken, sanften Hügeln, Steilküsten und flachen Stränden erkunden. Eine Kostprobe erhält man schon bei der Anreise über Stralsund.

Der schönste Ausflug mit einem Hauch Nostalgie ist eine Fahrt mit Rügens Kleinbahn, dem »Rasenden Roland«. Immerhin legt sie eine Strecke von 24,3 Kilometern zurück mit einer eher beschaulichen Geschwindigkeit von 30 km/h. Wem die Fahrt dennoch zu hastig ist, kann sich mit einem Ausritt per Pferd versuchen. Der Reiterhof liegt nur 150 Meter von der Reuse entfernt.

Der Weg

Von der A 24 Hamburg – Berlin auf die A 19 Richtung und bis Rostock. Die B 105 bis Stralsund, dann weiter die B 96 bis Bergen, Abzweigung Sellin/Thiessow, auf der B 196 bis Ortsmitte Middelhagen. Dann Abzweigung Alt Reddevitz nach rechts. Noch 4 km über Mariendorf zu Kliesows Reuse.

Sehenswürdigkeiten

In Middelhagen die Eldenaer Kirche (um 1400, von den Mönchen erbaut) mit dem ältesten noch erhaltenen Holzaltar; das Schulmuseum ist gleich nebenan. Das Mönchsgut-Keramikatelier Tom Willke im selben Ort. Lobbe, ein ehemaliges Fischerdorf, ist heute Urlaubszentrum. Nach Mariendorf, der jüngsten Ortschaft auf Rügen (1820).

Reizvolle Wege

Fahrradverleih beim Campingplatz Alt Reddevitz. Ein sehr schöner Radwanderweg führt parallel zum Wasser der Hagenschen Wiek. Wanderweg ins Wäldchen zum Herzogsgrab. Zum Ostseestrand etwa 15 Minuten.

3 Egloffsteiner Hof, Altendorf

Das Wichtigste in Kürze

Der Gasthof liegt zwar unmittelbar an einem Sträßchen, dafür verbirgt sich auf der hinteren Seite ein lauschiger Biergarten. In diesem fränkischen Gasthaus mit eigener Metzgerei und Forellenzucht wird man besonders preisgünstig bewirtet. Von der Autobahn A 73 Nürnberg – Hannover ist er in nur wenigen Minuten zu erreichen.

Preise:	Speisen und Getränke günstig
Öffnungszeiten:	Dienstag bis Freitag 11.00 bis 14.30 Uhr, 16.30 bis 24.00 Uhr, Samstag und Sonntag 11.00 bis 24.00 Uhr, Montag Ruhetag
Anschrift:	Egloffsteiner Hof, Egloffsteiner Ring 2, 96146 Altendorf, Telefon: 09545/313
Spezialitäten:	Schäuferla (Schweinebraten aus dem Blatt mit Knochen), Waller in Wurzelsud, gegrillte Heringe
Sitzplätze:	80, im Biergarten 200

Den Namen trägt das Wirtshaus in der alten Poststation, im ehemaligen slawischen Ringdorf, schon seit 1510. Da hieß es noch Egloffsteiner Lehen. Ab 1666 wurde es die Taxis'sche Posthalterei. Es war damals üblich, daß eine Poststation mit einem Gasthof verbunden war. Den Reisenden sollte Gelegenheit geboten werden, sich bei Unterbrechung der Fahrt zu laben. Auch heute noch bietet der Egloffsteiner Hof eine ideale Zwischenstation auf der Reise. Der historische Fachwerkhof ist seit 1700 ein Familienbetrieb. Vor zehn Jahren wurde er »runderneuert«. Die gutbürgerlichen, fränkischen Gerichte werden in den rustikal eingerichteten Gasträumen oder im Biergarten serviert oder vom Buffet angeboten.

Seit zwei Jahren gibt es einen neuen Brauch in Altendorf: Das ganze Dorf feiert am ersten Sonntag im Oktober den Kürbis. Die Speisen im Gasthof drehen sich dann hauptsächlich auch nur um ihn – von der Suppe bis hin zum Kuchen. Wer aber dem Kürbis nichts abgewinnen kann, darf sich auch anderweitig bedienen lassen, beispielsweise mit köstlichen Forellen aus eigener Zucht. Fränkische Spezialitäten wie das Schäuferla gehören zum festen Angebot.

Der Weg Auf der Autobahn A 73 zwischen Bamberg und Nürnberg bis Abfahrt Hirschaid. An Neubert vorbei Richtung Forchheim. In Altendorf an der Hauptstraße liegt der Gasthof.

Sehenswürdigkeiten 8 km bis zur Fränkischen Schweiz mit der Teufelshöhle, der Binghöhle, der Rodelbahn Pottenstein, der Basilika in Größweinstein. Die Nürnberger Altstadt ist 30 km entfernt. Auch Bamberg ist nah: mit »Klein Venedig« (ein altes Viertel direkt an der Pegnitz), dem Dom, dem Rosengarten, dem alten Rathaus, der Altenburg (16 km).

Reizvolle Wege Am Rhein-Main-Kanal entlang führt ein Radwanderweg von Bamberg über Altendorf nach Erlangen (300 Meter am Gasthof vorbei). Am Ortsrand befinden sich sieben kleine Baggerseen. Es empfiehlt sich, zehn Minuten mit dem Auto in die Region der Fränkischen Schweiz hineinzufahren und dort in der reizvollen Landschaft, durch Wiesen und Felder, an Seen entlang spazierenzugehen (Bootsverleih).

4 Landgasthof Stössel, Altenmedingen-Bohndorf

Der Landgasthof ist seit über 100 Jahren im Familienbesitz. Immer wieder wurde er weiter ausgebaut und modernisiert. Inzwischen kommt hier jeder Gast auf seine Kosten. Der Naturfreund weiß, warum er diesen Standort gewählt hat, denn das schönste Dörfchen Niedersachsens ist umrahmt von Wald. Viele Wanderwege führen durch Felder, Wiesen und Heide, entlang an kleinen Flüßchen. Wer nicht wanderfest ist, kann sich mit der Kutsche oder dem Planwagen spazierenfahren lassen oder einen kostenlosen Weidengang auf dem Pferd wagen. Auf die Kinder warten die gutmütigen Haflinger und ein großer Spielplatz.

Tennisspieler finden neben dem Haus einen Sandplatz. Auch eine Tischtennisplatte ist vorhanden. Wer nach der sportlichen Betätigung relaxen will, stürzt sich in das Wasser des Hallenbades mit Gegenstromanlage.

Die Zimmer, alle mit Farbfernseher ausgestattet, verteilen sich auf das Haupthaus und das erst zwei Jahren alte Gästehaus. Einige Zimmer gibt es auch mit eigenem Wohnraum. Im Sommer trinkt man den Kaffee im Cafégarten unter schattigen 150jährigen Eichen und genießt den Blick über die Landschaft. Die Küche hält Bodenständiges bereit, wie hausgemachtes Sauerfleisch, Kasseler Rippenspeer, eingelegten Aal, Heidschnuckenkeule und für den großen Appetit den Fleischspieß »Landgasthof Stössel«. Ein Gläschen »Hermann Löns« Heidekorn rückt im Magen alles wieder zurecht.

Nach soviel Sport, Essen oder auch nur Müßiggang kann man vor dem Zubettgehen noch die anheimelnde Atmosphäre der Kaminbar mitnehmen.

Der Weg

Autobahn Hamburg – Hannover A 7, Ausfahrt Lüneburg, ab Lüneburg B 216 in Richtung Dannenberg, in Bavendorf rechts nach Bohndorf.

Sehenswürdigkeiten

Schiffshebewerk Scharnebeck etwa 12 km, Hügelgräber bei Altenmedingen 5 km, Kloster Medingen bei Bad Bevensen 12 km, Kloster Epsdorf 20 km entfernt. Spazierfahrt über die Elbe in den Ostteil, in die großen Heidegebiete Ellerndorf und Nemitz.

Reizvolle Wege

Beschilderter Radwanderweg zum Kurort Bad Bevensen mit seiner Jod-Sole-Quelle, etwa 10 km. Viele Wanderwege rund um Bohndorf. Lange Wanderwege im Kreis Uelzen (über 20 km entfernt). Eine Karte über alle Radwanderwege der Umgebung ist im Haus erhältlich.

5 Glockenwirt, Amerang

Das Wichtigste in Kürze

Ein liebevoll neu erbauter bayerisch-bäuerlicher Landgasthof nicht weit von Wasserburg und der Salzburger Autobahn entfernt. Vom Biergarten aus sieht man auf das Schloß Amerang. Mittags- und Abendtisch sind hier getrennt: Bayerisch-Regionales gibt es mittags, neue deutsche und bayerische Speisen abends.

Preise:	Speisen mittags: günstig bis mittel, abends: mittel (wenige Speisen gehoben), Getränke mittel
Öffnungszeiten:	Dienstag bis Freitag 11.30 bis 14.00 Uhr, 17.00 bis 24.00 Uhr, Samstag und Sonntag 11.30 bis 24.00 Uhr
Anschrift:	Glockenwirt, Bahnhofstraße 23, 83123 Amerang, Telefon: 08075/8263, Fax: 08075/9799
Spezialitäten:	Kalbsgeschnetzeltes unter Blätterteighaube, Fische von der Thalhammer Mühle, Lamm
Sitzplätze:	150 in drei Räumen, Biergarten bis 140

Ein gemütlicher Gasthof mit einem Glockenständer auf dem Dach zum Vesperläuten muß nicht unbedingt aus altem Gemäuer bestehen und auf eine lange Historie zurückblicken. In liebevoller Kleinarbeit ist der Glockenwirt 1992 im Stil eines alten Bauernhauses neu gebaut worden. Vor einem Jahre haben die jetzigen Wirtsleute das Haus übernommen. Im Restaurant mit böhmischem Gewölbe sitzt man in kleinen Nischen und Ecken. Ein alter Holzfußboden und viel Bundwerk geben dem Herzstück des Hauses den richtigen Rahmen. Das Stüberl mit dem gußeisernen Kachelofen aus dem 17. Jahrhundert ist ebenso gemütlich. Etwas Besonderes hat man sich im Weinstüberl, der »Südtiroler Kellergasse«, einfallen lassen: Ein echter Apfelbaum (mit künstlichen Blättern) steht in der Mitte. Hunderte von kleinen Lämpchen geben dem Raum etwas Anheimelndes.

Mittags gibt es altbewährtes Bayerisches wie das Schweinskarree mit Weizenbiersoße oder den Zwiebelkuchen mit Sauerrahm. Abends wird groß aufgekocht: Von Rehbockbraten in Trollingersoße über Weidelammkarree mit Olivenkruste bis zum Thalhammer Saibling in Mandelbutter. Doch damit ist die kreative Küche des Wirtes noch längst nicht am Ende angelangt, denn die Nachspeisen wie die Himbeereislasagne auf Pfirsichmark setzen noch das i-Tüpfelchen oben drauf.

Der Weg Autobahn München – Salzburg A 8, Abfahrt Prien, Richtung Bad Endorf, Halfing, Amerang. Etwa 300 Meter nach dem Ortseingang rechts. Oder von München die B 304 in Richtung Wasserburg bis Amerang.

Sehenswürdigkeiten Schloß Amerang (Museum und Schloßkonzerte). Automobilmuseum mit ungefähr 260 Automobilen von 1886 bis heute. Das Bauernhausmuseum. Ins mittelalterliche Städtchen Wasserburg am Inn sind es 9 km. Nach Bad Endorf 10 km (Jod und Thermalbad). Innschiffahrt, Bootsausflug auf dem Chiemsee, von Prien-Stock aus zu erreichen ist die Insel Herrenchiemsee mit dem unvollendeten König-Ludwig-Schloß. Auf Frauenchiemsee steht die im 8. Jahrhundert gegründete Klosterkirche, ebenfalls mit Schiff erreichbar.

Reizvolle Wege Spazierweg zum Schloß Amerang (Museum und Schloßkonzerte) oder zum Ameranger Moos. Wunderschöner kilometerlanger befestigter Radwanderweg vom Chiemsee an der Alz entlang über Amerang bis zum Inn (Wasserburg).

6   Der Schafhof, Amorbach

Das Wichtigste in Kürze

Die Odenwälder Landschaft, die Gast- und Schlafräume des ehemaligen Klosterguts, strahlen soviel Romantik aus, daß diese Adresse unbedingt ein Tip für Verliebte ist. Dazu wird man mit kulinarischen Köstlichkeiten verwöhnt. Der hauseigene Zweispänner steht für Kutschfahrten zur Verfügung.

Preise:	Speisen und Getränke in der Abtstube gehoben, in der Benediktinerstube mittel bis gehoben
Öffnungszeiten:	Abtstube 12.00 bis 14.00 Uhr, 18.00 bis 21.00 Uhr, Ruhetage Montag und Dienstag, Benediktinerstube 12.00 bis 17.00 Uhr, 18.00 bis 21.00 Uhr, Ruhetage Mittwoch und Donnerstag
Anschrift:	Der Schafhof, Schafhof 1, 63916 Amorbach, Telefon: 09373/97330, Fax: 09373/4120
Spezialitäten:	Schafhofvesper (Hausmacherwürste, Landschinken, Schafs- und Weinkäse und selbstgebrannter Apfelschnaps)
Sitzplätze:	80 in den beiden Restaurants, Terrasse 25
Unterkunft:	18 Zimmer, 5 Suiten
Unterkunftspreise:	Gehoben, ab drei Übernachtungen ist Halb- und Vollpension möglich. Sonderarrangements

Eigentlich suchten die Wirtsleute nach einem Bauernhof zur eigenen Entspannung. Sie wurden fündig und erwarben 1974 ein altes heruntergekommenes Haus. Es war das ehemalige Klostergut der Benediktiner, inmitten des fränkischen Odenwaldes gelegen. Urkundlich erwähnt wurde das Gut zum ersten Mal im Jahre 1446.

Die Idee, ein Landhaus mit Restaurant und Fremdenzimmern daraus zu machen, reifte ganz langsam. Mehr und mehr wurde umgebaut, bis 1978 die Eröffnung anstand. Seitdem können sich die Besitzer vor Anfragen nicht mehr retten. Ob für einen Tag, für einen Wochenendtrip oder auch für länger – alle wollen diese einmalige Kombination von reizvoller Landschaft mit ländlich-stilvollem Wohnen und anspruchsvollem Essen genießen. Man schläft in den alten Gemächern der Mönche oder in den Räumen des früheren Speichers.

Die Speisen werden in der Abtstube mit den Rotsteinwänden und den dicken Eichenbalken eingenommen oder in der gemütlichen, rustikalen Benediktinerstube mit Kamin. Die Zutaten für die fränkischen Spezialitäten und die der gehobenen, regionalen Küche stammen entweder vom eigenen Hof oder aus der Umgebung, beispielsweise das Lammfleisch und die Forellen aus der eigenen Zucht. Schafskäse, Marmelade und Honig werden hausgemacht und der Obstschnaps selbstgebrannt.

Zum Fithalten beziehungsweise zur Abwechslung werden Tennis, Reiten, Boccia und Rasenschach angeboten.

Der Weg Von der A 3 Frankfurt/Main – Würzburg, Abfahrt Stockstadt bei Aschaffenburg, in Richtung Miltenberg nach Amorbach-West. Von Süden über die Autobahn Heilbronn – Würzburg, Ausfahrt Tauberbischofsheim, weiter in Richtung Walldürn-Amorbach.

Sehenswürdigkeiten Abteikirche der Benediktiner in Amorbach mit der größten Barockorgel in Europa (Konzerte). Barock- und Rokokobauten im Ort. Auf halbem Weg die Kapelle Amorsbrunn, das Heimatmuseum, das Templerhaus von 1291 (eines der ältesten Fachwerkhäuser mit Auszeichnung). Empfehlenswert: Teekannensammlung Berger.

Reizvolle Wege Unmittelbar vom Hof aus führen viele Wege durch die Wälder, Wiesen und Felder. Über den Berg Wolkmann, an der Gothardtruine (ehemaliges Nonnenkloster) oder an der Wildenburg (Parzivalburg) vorbei.

7 Hof Bucken, Aukrug-Bucken

Das Wichtigste in Kürze

In jedem Raum ist der Charme eines alten Gutshauses zu spüren, und die Natur hat es mit diesem Fleckchen Erde besonders gut gemeint: Wälder, Heidelandschaft, Moore und Teiche umringen den Hof. Die Küche hat sich auf Wild und Fisch spezialisiert (eigene Jagd). Übernachtung möglich. Golfplatz in der Nähe.

Preise:	Speisen und Getränke günstig bis mittel
Öffnungszeiten:	12.00 bis 14.00 Uhr, 18.00 bis 22.00 Uhr
Anschrift:	Hof Bucken, 24613 Aukrug-Bucken,
	Telefon: 04873/209, Fax: 04873/1243
Spezialitäten:	Aukruger Zuchtforelle, gemischte
	Wildplatte
Sitzplätze:	120 in vier Räumen,
	Garten 50
Unterkunft:	10 Doppel-, 1 Einzelzimmer
Unterkunftspreise:	Günstig

Beim Namen Bucken ist nicht ganz geklärt, ob er von der Buche abstammt oder von »Gebück«, gebogenen Hecken. Die Geschichte des ehemaligen Bauernhofes reicht weit zurück. Der erste Besitzereintrag stammt von 1540. Nur zwei Höfe standen dort weit und breit. Der Kirchgang nach Hohenwestedt war für die Buckener noch beschwerlich, denn der Weg durch die Wiesen entstand erst 1759. Da es sich um einen Privatweg handelte, durfte Wegezoll erhoben werden: für einen Einspänner einen Silbergroschen, für ein Rindvieh neun Pfennig. Bis 1910 befanden sich noch Schlägbäume an dieser Stelle.

Seit 1967 ist der Hof Gaststätte und Hotel. An der ländlichen Idylle hat sich nie etwas geändert. Im Wintergarten mit seinen exotischen Pflanzen, wie Ananas und Ölbaume, sieht man hinaus zum Ententeich und zu den alten Rhododendrenbüschen. Durch den Naturpark mit seiner hügeligen Landschaft, seinen Auen, Wäldern und Teichen kann man sehr schön spazierengehen.

Die Gasträume sind mit vielen alten Mitbrinseln aus aller Welt ausgestattet: eine chinesische Vase, die Rokokouhr, Pfeile aus Afrika, Orientteppiche und dicke Bauerntruhen. Ein Schiffsarzt gehörte einst zu den Besitzern des Hofes und hat seine wertvollen Souvenirs hiergelassen.

Was gekocht wird, sind vor allem Spezialitäten aus Schleswig-Holstein, passend zur ländlichen Atmosphäre: Beim ersten Frost kommt Grünkohl auf den Tisch. Immer gibt es Matjes, aus den Teichen Forellen und zur Jagdsaison Hase und Hirsch.

Der Weg

Autobahn Hamburg – Flensburg A 7, Abfahrt Neumünster Mitte, in Richtung Hohenwestedt weiter, B 430 nach Bucken.

Sehenswürdigkeiten

In Aukrug die alte Wassermühle. In der Nähe gibt es einen Segelflugplatz. 30 km bis Rendsburg, zwischen Eider und Nordostseekanal gelegen: gotische Marienkirche, barocke Christkirche, Bürgerhäuser aus dem 16. Jahrhundert, Hafen, Schiffswerften, Landestheater.

Reizvolle Wege

10 Minuten durch die Heidelandschaft zum zweitgrößten Hügel in Schleswig-Holstein, dem Boxberg (80 Meter). Ein sehr schöner Wanderweg führt durch Wald, an zahllosen Fischteichen und vielen kleinen Hütten vorbei.

8 Gasthof Weber, Bad Berleburg-Wingeshausen

Das Wichtigste in Kürze

Der Gasthof Weber, am Südhang des Rothaargebirges im schönen Hochsauerland gelegen, gibt sich schlicht. Überraschendes kommt hier aus der Küche. Eigener Forellenteich, eigene Schlachtung. Für Urlauber ist man gerüstet. Einige Fremdenzimmer stehen bereit.

Preise:	Speisen günstig bis mittel
Öffnungszeiten:	12.00 bis 14.00 Uhr, 18.00 bis 21.00 Uhr (warme Küche). Montag und Dienstag Ruhetage. Betriebs- ferien: 3 Wochen im Juli/August und 2 Wochen im November
Anschrift:	Gasthof Weber, Inselweg 5, 57319 Bad Berleburg, Telefon: 02759/412, Fax: 02759/540
Spezialitäten:	Fischsuppe vom Lachs, geräucherte Mettwurst mit dicken Bohnen
Sitzplätze:	50 in zwei Räumen, 80 im Saal, 15 im Garten
Unterkunft:	5 Doppel- und 2 Einzelzimmer
Unterkunftspreise:	Günstig, Halb- und Vollpension

Der Gasthof Weber ist das älteste Haus am Platze. Seit 1780 ist er im Familienbesitz. Wenn nicht gerade Sommer ist und die Fenster mit Blumen geschmückt sind, wirkt er mit seinem grauschwarzen Schiefer, der typisch ist für diese Gegend, etwas nüchtern. Auch die Einrichtung ist schlicht bis rustikal gehalten. Um so raffinierter ist, was hier aus der Küche kommt. Auf Bestellung werden regelrechte Feinschmeckermenüs gezaubert. Die täglichen Speisen sind dabei auch nicht ohne. Eine kleine überschaubare Speisekarte offeriert deftige und feine regionale Spezialitäten wie geräucherte Mettwurst mit dicken Bohnen und Speckkartoffeln oder Kalbsfilet mit Morchelrahm und Lauchkartoffeln. Oder die Forelle, die aus eigenen Teichen frisch gefangen wird. Fleisch und Wurst stammen aus der eigenen Schlachterei. Von den Nachspeisen wie Tannenhonigparfait mit Erdbeeren oder das Pflaumeneis mit Zimtsoße muß man auch probiert haben. Die Küche ist kein Geheimtip mehr, denn sie hat schon mehrere Auszeichnungen gesammelt.

Da das Gasthaus im reizvollen Hochsauerland mit seinen vielen Bergen, Tälern und Wäldern liegt, betreiben die Wirtsleute auch eine Pension.

Ausflügen und Wanderungen sind keine Grenzen gesetzt. Auch im Winter kommen Sportliche auf ihre Kosten: Skifahren auf dem Kahlen Asten, mit seinen 841 Metern der höchste Berg im Sauerland.

Der Weg

Von Frankfurt auf der A 5 Richtung Bad Nauheim bis zur Abfahrt auf die A 45 in Richtung Siegen, bei Dillenburg auf die B 253 Richtung Breidenbach, hinter Breidenbach bei Breidenstein links abfahren, die B 62 Richtung Bad Laasphe. Bei Leimstruth rechts abfahren, auf der B 480 bis nach Bad Berleburg und Wingeshausen.

Sehenswürdigkeiten

Das Schloß Berleburg ist 12 km entfernt. Eine Führung durch das Schloß, in dem regelmäßig klassische Konzerte gegeben werden, lohnt sich. Zum Schieferbergmuseum sind es 6 km. Siegen erreicht man über die Autobahn nach 45 km.

Reizvolle Wege

Das Wanderwegenetz umfaßt insgesamt 15 km. Empfehlenswert ist der Wanderweg von Wingeshausen nach Latrop (3 Stunden). Da sich die Landschaft des Naturparks Rothaargebirge auch das Land der 1000 Berge nennt, sind alle Wege abwechslungsreich. Dichte Fichtenwälder gehen in sanfte Täler über. Ein paar Minuten mit dem Auto zum Panoramapark Sauerland (etwa 10 km). Im Winter erfreuen sich besonders Ski-Langläufer auf den präparierten Loipen (6 km) rund um den Ort.

9 Landhaus Stukenbrock, Bad Pyrmont

Das Wichtigste in Kürze

Inmitten der Bilderbuchlandschaft des Bad Pyrmonter Tales steht das kleine Landhaus mit seinen neun Zimmern zum Übernachten. Sonderarrangements wie beispielsweise ein Mountainbike-Wochenende mit Lunchpaketen, Menü und Sauna werden regelmäßig angeboten.

Preise:	Speisen und Getränke mittel bis gehoben
Öffnungszeiten:	12.00 bis 14.00 Uhr, 18.00 bis 21.00 Uhr, Dienstag Ruhetag
Anschrift:	Landhaus Stukenbrock, Erdfällenstraße, 31812 Bad Pyrmont, Telefon: 05281/93440, Fax: 05281/934434
Spezialitäten:	Wildgerichte aus eigener Jagd, Lammhüfte mit schwarzer Olivensoße
Sitzplätze:	70, Terrasse 100
Unterkunft:	8 Doppel-, 1 Einzelzimmer
Unterkunftspreise:	Mittel bis gehoben, Wochenendangebote

Den schönsten Blick über das Tal und das Naturphänomen der »Erdfälle« (zwei Erdkrater, einer 96 Meter tief, mit Wasser gefüllt) hat man von der Panoramaterrasse aus. Das Haus stammt aus dem Jahr 1922 und ist seit zwei Jahren in Besitz der jetzigen Wirtsleute. Es galt schon immer als Ausflugsziel mit Gastronomiebetrieb. Der Standort in dieser reizvollen Landschaft und in der Nähe des Kurortes sprechen für sich. Ideal für erholungsbedürftige Gäste, die gutes Essen und behagliches Wohnen mit Spaziergängen, Kuranwendungen und Fitneß kombinieren wollen.

Der Weg
Autobahn A 2 Hannover – Dortmund, Ausfahrt Bad Eilsen, Richtung Rinteln, dann Barntrup, zuletzt in Richtung Bad Pyrmont, am Bahnhof nach 3 km rechts in die Erdfällenstraße.

Sehenswürdigkeiten
In Bad Pyrmont: Palmengarten mit 800 subtropischen Pflanzen, die Schloßinsel mit Museum und alten Festungsanlagen (Freiluftveranstaltungen). Der Bergkurpark, ein idyllischer Landschaftsgarten. Tierpark, Spielbank, Brunnentempel (Wahrzeichen des Bades), die Dunsthöhle (dieses Naturwunder mit frei ausströmender Kohlensäure soll schon Goethe interessiert haben).

Reizvolle Wege
Gut ausgebautes Wandernetz. Besonders schön ist der Philosophenweg, direkt vom Landhaus aus am Waldesrand entlang. Bis Bad Pyrmont geht man eine halbe Stunde.

10 Gasthaus Jägerwirt, Bad Tölz

Das Wichtigste in Kürze

Mitten im idyllischem Ortsteil Kirchbichl liegt die hübsche Landgaststätte mit dem schattigen Biergarten. Jeden Tag gibt es hausgemachten Kuchen und selbstgebackenes Dinkelbrot. Nur wenige Kilometer von der Autobahn Salzburg, Abfahrt Holzkirchen, entfernt.

Preise:	Speisen und Getränke günstig
Öffnungszeiten:	8.00 bis 24.00 Uhr (warme Küche 12.00 bis 14.00 Uhr, 17.30 bis 20.00 Uhr), Montag und Donnerstag Ruhetage
Anschrift:	Jägerwirt, Nikolaus-Rank-Straße 1, 83646 Bad Tölz, Telefon: 08041/9548, Fax: 08041/73542
Spezialitäten:	Schweinebraten und Haxen
Sitzplätze:	80 in zwei Räumen, Saal 100, Biergarten 100

Seit der vierten Generation befindet sich dieser Gasthof in Familienbesitz. Der alte Teil des Hauses, in dem jetzt die Gaststube ist, wurde nach dem 30jährigen Krieg erbaut. Vorher war der Hof abgebrannt, und es ließ sich nicht mehr genau feststellen, aus welchem Jahr er stammte. Damals wurde hier nur Landwirtschaft betrieben. Der Großvater des jetzigen Wirtes, Jäger und Bürgermeister, hatte seine gute Stube immer besetzt: mit den Jägern aus der Gegend. Als Vereinszimmer mußte der Raum auch noch herhalten. 1927 kam er auf die Idee, daß, nachdem sich immer so viele Leute in seiner Bauernstube aufhalten, man auch gleich ein Gasthaus daraus machen könne. Altbayerisch eingerichtet, wirken die Räume urgemütlich. Die niedrigen Holzdecken, die Kachelöfen, die Holzbänke, die Sprossenfenster, alles paßt hierher. Der Gasthof ist nicht überladen mit Dekorationen; es gibt gerade soviel davon, daß man sich wohlfühlt. Fast geduckt schaut der Gasthof zwischen den alten Bäumen hervor. Zwar vom Sträßchen einsehbar, trotzdem versteckt hinter den beiden Linden und den vielen Blumen, befindet sich der Biergarten. Viermal im Jahr ist Schlachtfest: Dann stehen Schlachtschüssel und Kesselfleisch auf der Speisekarte. Den Schweinebraten gibt es immer; er gilt als eine Spezialität des Hauses. Die frischen Haxen sollen die besten aus dem ganzen Umkreis sein (auf Vorbestellung). Dazu werden hausgemachte Kartoffelknödel serviert. Längst kein Geheimtip mehr: die Schmalznudeln am Wochenende.

Der Weg Autobahn München – Salzburg A 8, Abfahrt Holzkirchen, Richtung Bad Tölz, oder Abfahrt Sachsenkam, nach Ortsmitte rechts, Richtung Kirchbichl (Kirchbichler Straße). Von Bad Tölz sind es 6 km in Richtung Dietramszell.

Sehenswürdigkeiten Historische Altstadt Bad Tölz (Marktstraße), Erlebnisbad Alpamare; Barock-Klosterkirche Dietramszell, Kloster Reutberg in Sachsenkam. Kloster in Benediktbeuern.

Reizvolle Wege Sehr schöner Radwanderweg zum Kloster Reutberg mit Bademöglichkeiten im Kogler Weiher und im Kirchsee. Radwanderweg nach Dietramszell mit Abstecher zur Wallfahrtskapelle Maria Elend. Vom Kochelsee führt der Prälatenweg über Benediktbeuern, die Osterseen, Peißenberg, Rottenbuch, Wieskirche, Lechbruck bis Marktoberdorf (144 km).

11 Freihaus Brenner, Bad Wiessee

Das Wichtigste in Kürze

Hier speist man in bäuerlich stilvollem Ambiente. Je nach Jahreszeit wechselt die Dekoration. Den schönsten Blick über den Tegernsee bieten die Terrassen. Eine Ferienwohnung mit Service gehört zum Haus; wunderschönes Urlaubsgebiet.

Preise:	Speisen und Getränke gehoben
Öffnungszeiten:	Täglich 9.00 bis 24.00 Uhr (warme Küche 11.30 bis 14.00 Uhr, 18.30 bis 22.00 Uhr), Grillkarte im Salettl bis 24.00 Uhr
Anschrift:	Freihaus Brenner, Freihaus 4, 83707 Bad Wiessee, Telefon: 08022/82004, Fax: 08122/83807
Spezialitäten:	Blutwurstgröst'l auf Selleriesalat, knusprige Bayerische Mastente
Sitzplätze:	120, Terrassen 250
Unterkunft:	1 Ferienwohnung, nach Wahl mit Frühstück, Halb- oder Vollpension
Unterkunftspreise:	Mittel bis gehoben

Als lehensfreier Hof wurde das damalige Gehöft vom Kloster Tegernsee um 746 geführt. Daher stammt noch der Name Freihaus. 1917 brannte das Anwesen komplett ab und wurde einige Meter weiter, auf dem heutigen Platz, wieder aufgebaut. 1974 haben die jetzigen Besitzer das noch kleine Gasthaus übernommen; ein paar Jahre später folgte der komplette Umbau. So entstand beispielsweise aus dem alten Stall die heutige Gaststube.

Mit sehr viel Liebe werden die Gasträume mehrmals im Jahr umdekoriert, ohne daß die ländlich-bäuerliche Anmut verlorengeht. Die Salettl-Stube mit ihren Holzdielen, Holzbänken und dem gemütlichen Kachelofen ist besonders stilvoll. Für Feierlichkeiten wird im Restaurant mit der tiefhängenden Holzdecke aufgedeckt. Im Sommer tafelt es sich besonders schön im überdachten Innenhof oder auf den Terrassen – mit Aussicht auf den still liegenden Tegernsee.

Die Küche bietet leichte, regionale Kost nach Saison. Zum Beispiel das Rehrückenschäuferl oder Forellen und Saibling frisch aus der Gegend. Wen es am Nachmittag hierher führt, der darf sich auf den hausgemachten Kuchen oder eine deftige bayerische Brotzeit freuen.

Der Weg

Autobahn München – Salzburg A 8, Ausfahrt Holzkirchen/Tegernsee, auf der B 5 bis Gmund, rechts bis zum Ortseingang Bad Wiessee. Rechts an der Gärtnerei zweigt die Auerstraße ab, die zum Freihaus hochführt.

Sehenswürdigkeiten

Kloster Tegernsee (8. Jahrhundert), heute Gymnasium. Noch zu besichtigen sind die Klosterkirche und das Bräustüberl. Die gotische katholische Pfarrkirche »Maria Himmelfahrt« in Bad Wiessee. Dorfplatz-Abwinkl (Altwiessee mit seinen alten Bauerhöfen, der älteste ist von 1592), Märchenwald im Isartal (Wolfratshausen, halbstündige Autofahrt), Schloß Herrenchiemsee, Jod-Schwefel-Bad Bad Wiessee, Badepark mit Wasserfallfelsen und ganzjährigem Freiluftbecken. Ein paar Autominuten bis zum Wallberg, via Gondel auf die Spitze (Gaststätte). Nach Kreuth zum Wittelsbacher Schloß Ringberg (10 Minuten per Auto).

Reizvolle Wege

Ein schöner Wanderweg führt oberhalb vom Freihaus durch den Wald ins Breitenbachtal. Auf einem Höhenwanderweg geht es durch das Waldgebiet Prinzenruhe hoch zur Sonnenbichlalm. Der Freihausweg führt ins Tal zum See. Eventuell bis zur Schiffsanlegestelle Wiessee Ort, von da aus zurück nach Wiessee Bad oder bis zur Anlegestelle Abwinkl.

Das Wichtigste in Kürze

Im Norden Berlins gelegen, in einem verwunschenem Wald und nicht weit vom schön gelegenen Liepnitzsee. Der Gasthof ist eine beliebte Einkehr für Stadtflüchtlinge. Nur wenige Kilometer von der Hauptstadt. Herzhafte brandenburgische Spezialitäten.

Preise:	Speisen und Getränke günstig bis mittel
Öffnungszeiten:	Montag, Dienstag, Samstag 11.30 bis 21.30 Uhr.
	Sonntag 11.30 bis 20.00 Uhr, Mittwoch und
	Donnerstag Ruhetage
Anschrift:	Waldkater, Wandlitzer Chaussee 10,
	16321 Bernau,
	Telefon: 03338/5764,
	Fax: 03338/45678
Spezialitäten:	Brandenburgische Wild-
	und Fischgerichte
Sitzplätze:	100 in vier Räumen, Seminarraum 30, Terrasse 100

12

Am 6. Juli 1893 kauft der Schlachtermeister Max Klee aus Berlin zwei Morgen Wald rechts an der Wandlitzer Chaussee im Jagen drei, um dort eine Restauration aufzubauen. Die Stadt Bernau und die Königliche Oberförsterei Eberswalde befürworteten seinen Antrag – er durfte die Waldparzelle erwerben. Da er Mitglied im Jagdverein war, schmückte er, als alles fertig war, die Gaststube mit allen möglichen Geweihen. Wie ein Knusperhäuschen, aber mit großer Terrasse, mutet es auch heute noch an. Berlin-Ausflügler, Beeren- und Holzsammler kommen hierher. Die jetzigen Wirtsleute betreiben den Waldkater seit 1982. Längst hat es sich herumgesprochen, daß hier erstklassige brandenburgische Spezialitäten aufgetischt werden. Auf Wunsch kann man sogar ein Buffet für zu Hause bestellen: Eine deftige geschmorte Schweinshaxe aus dem Kupferkessel, ein Kesselgulasch, ein Spanferkel mit Sauerkraut oder auch eine Fischpfanne mit gebackener Forelle. Daß die Familie ein Hang zur Kunst hat, sieht man an den Wänden, die Gemälde von noch unbekannten Künstlern tragen.

Der Weg
Von Berlin 17 km in nordöstlicher Richtung entfernt. Auf der B 2 über Weißensee direkt bis nach Bernau, dann den Schildern folgen. Von der Autobahn Berlin – Eberswalde A 11 kommend, Abfahrt Bernau, weiter auf der B 2, dann immer den Hinweisschildern folgen.

Sehenswürdigkeiten
Der Ort Bernau hat einiges zu bieten: Das Heimatmuseum am Steintor, das Museum »Henkerhaus«, die Marienkirche und die mittelalterliche Stadtmauer. Die Brandenburgklinik, eine ehemalige Regierungssiedlung. Kutsch- und Kremserfahrten werden vom Haus organisiert.

Reizvolle Wege
Das Wandern durch den umliegenden Stadtforst oder durch die Schorfheide direkt vom Gasthof aus. Besonders reizvoll ist der Waldweg vom Waldkater bis zum Liepnitzsee (etwa eine dreiviertel Stunde). Die Schorfheide liegt etwa 30 km nördlich von Bernau.

13 Gasthof Leicht im Hotel Leicht, Biebelried

Das Wichtigste in Kürze

Altfränkische Spezialitäten kommen in diesem traditionsreichen Gasthof auf den Tisch. Ideal für Durchreisende zur Einkehr. Der Gasthof liegt nur wenige Minuten von der A 7 und von der A 3 entfernt. Zum längeren Verweilen gibt es in der Umgebung genügend zu unternehmen: eine Bootsfahrt auf dem Main, Winzerfeste, Erkundung der historisch interessanten Stätten.

Preise:	Speisen und Getränke mittel bis gehoben
Öffnungszeiten:	Montag bis Samstag 10.00 bis 23.30 Uhr, Sonntag Ruhetag (Ausnahme für Hotelgäste)
Anschrift:	Hotel Leicht, Würzburger Straße 3, 97318 Biebelried, Telefon: 09302/814, Fax: 09302/3163
Spezialitäten:	Blaue Zipferle, Rinderbrust fränkisch
Sitzplätze:	125 in drei Räumen, im Innenhof 25
Unterkunft:	70
Unterkunftspreise:	Mittel

13

Auf dem einstigen Höhenweg aus der Zeit der fränkischen Landnahme liegt der kleine Ort mit seinem Zeugen aus langer Vergangenheit, dem Hotelanwesen Leicht. Der Hof, 1345 noch zum Kloster Langheim gehörend, wurde 1458 an Hermann Leicht übertragen. Seit 1488 brachte die Familie Gastwirte, Bierbrauer und Bauern hervor. Der wohl berühmteste Gast im Hause Leicht war die österreichische Kaiserin Maria-Theresia. Auf dem Weg von Wien nach Frankfurt, zur Krönung ihres Gemahls Franz I., machte sie mit ihrem Gefolge Rast in Biebelried.

Von außen wirkt der Hotel-Gasthof mit seinem großen Innenhof wie eine Festung. Innen bietet er viel Platz. Das Restaurant ist in drei Räume unterteilt. Alle sind rustikal mit viel Holz ausgestattet. Das Kellergewölbe erinnert besonders an frühe Zeiten. Dagegen strahlt der Innenhof mit seinen Sträuchern und dem großen Baum eine eher verwunschene Stimmung aus. Im Sommer werden hier Tische und Stühle aufgestellt. Da schmeckt das frischgezapfte Bier aus dem Krug besonders gut. Am besten, man läßt es sich zu fränkischen Spezialitäten wie den geräucherten Bratwürsten servieren. Die Weintrinker kommen aber auch nicht zu kurz. Sie haben eine große Auswahl an fränkischen Bocksbeutelweinen. Als einheimische Nachspeise empfiehlt sich ein Apfelkräpfle in Zimt-Zucker mit Vanilleeis.

Sportmöglichkeiten für Tennis, Bowling und Golf gibt es in der Nachbarschaft.

Der Weg

Autobahn Nürnberg – Frankfurt A 3, Ausfahrt Rottendorf/Biebelried, beziehungsweise Kassel – Ulm A 7, Ausfahrt Kitzingen/Biebelried. Jeweils 1 km über die B 8 nach Biebelried.

Sehenswürdigkeiten

Die Pfarrkirche mit ihren zwei Riemenschneider-Werken im Ort. In Würzburg die Residenz, Festung Marienburg, Dom St.Kilian. In Kitzingen das Fastnachtsmuseum im Falterturm, Richard-Rother-Museum, Renaissance-Rathaus, Knauf-Museum in Iphofen. Fahrt durch die mittelalterlichen Orte der Umgebung, wie Eibelstadt, Sommerhausen, Iphofen, Kastell Volkach (am Schloßberg wandern). Besuch eines der Wein- und Winzerfeste. Bootsfahrt auf dem Main, zum Beispiel nach Veitshöchheim zum Rokokogarten. In Dettelbach die Wallfahrtskirche Maria im Sand.

Reizvolle Wege

Gut ausgebaute Rad- und Wanderwege. Einer beginnt beispielsweise auf der gegenüberliegenden Straßenseite am Reiterhof und führt durch die Felder und Wälder bis Mainstockheim. Ungefähr eine dreiviertel Stunde Fußweg.

14 Landgrafenschänke, Biedenkopf-Katzenbach

Das Wichtigste in Kürze

Am Rande des Rothaargebirges mitten im Wanderparadies ist die Schänke ein ideales Ausflugs- und auch Urlaubsziel. Eine reichhaltige Auswahl an heimischen Spezialitäten wird angeboten. Hier übernachtet man noch zu günstigen Preisen. Beliebte Stelle für Caravan-Stellplätze.

Preise:	Speisen und Getränke günstig
Öffnungszeiten:	Dienstag bis Donnerstag 17.30 bis 1.00 Uhr, Freitag bis Sonntag 11.00 bis 1.00 Uhr, Montag Ruhetag
Anschrift:	Landgrafenschänke, 35216 Biedenkopf-Katzenbach, Telefon: 06461/5758, Fax: 06461/6705
Spezialitäten:	Hinterländer Kohlroulade mit Kartoffelauflauf
Sitzplätze:	67, Saal 60, Terrasse bis 50
Unterkunft:	6 Doppel-, 1 Einzel-, 1 Dreibettzimmer
Unterkunftspreise:	Günstig

14

Fast einsam auf einer Anhöhe (380 Meter) steht das hübsche althessische Fachwerkhaus. Der Standort ist nichts für Leute, die mit der Natur nichts anfangen können. Denn es erwarten einen nur Stille und die schönsten Wanderwege durch eine reizvolle Landschaft mit Buchen- und Eichenwäldern. Obendrein herrscht hier ein besonders mildes Klima.

Das Dörfchen bestand früher aus nur vier Bauernhöfen. Außer einigen Ferienhäusern ist in der Neuzeit nichts hinzugekommen. In der Nähe des Gasthofes hatte der Landgraf Ludwig von Hessen sein Jagdschloß »Hoff Calsenbach«. 1534 wurde der Ort zum ersten Mal erwähnt. Eine Anekdote besagt, daß der Landgraf nach einer Treibjagd die Bauern von den umliegenden Dörfern, die seine Treibjagd unterstützt hatten, zu einer gemeinsamen Hühnersuppe einlud und sie fragte, wann es denn bei ihnen zu Hause solch eine Suppe gäbe. Einer der Bauern sagte: »Entweder wenn der Bauer krank ist oder das Huhn«.

Die Grundmauern des Jagdschlosses sind heute noch zu sehen, ebenso die vier alten Höfe. In einem davon richtete man 1968 eine kleine Gastwirtschaft ein, die heutige Landgrafenschänke. Drei Jahre später erfolgte der Anbau einer kleinen Pension. Inzwischen verfügt der Gasthof über hundert Plätze und einige modern ausgestattete Fremdenzimmer. Nicht zu vergessen die Panoramaterrasse. Wer hier einmal gespeist hat, kommt sicher wieder. Jedes Jahr findet ein kulinarischer Herbst statt, ein Erlebnis regionaler Küche: Himmel und Erde mit gebratener Blut- und Leberwurst oder Schmorsteak »nach Art des Landgrafen« mit Wirsinggemüse und Kartoffeln und vieles mehr.

Der Weg Autobahn Frankfurt/Main – Siegen A 45, Abfahrt Dillenburg, die B 253 bis rechts auf die B 62 über Biedenkopf bis Katzenbach.

Sehenswürdigkeiten Die Elisabethkirche in Marburg, die romantischen Fachwerkhäuser in der Umgebung, Museum im Landgrafenschloß mit Geschichte der Hinterländer. Reste der Grundmauern des Jagdschlößchens, der Schartenhof (der ehemalige Bauernhof), heute Galerie mit Kunsthandwerk und Veranstaltungsort für Festivals klassischer Musik.

Reizvolle Wege Wanderweg über 12 km zum Aussichtsturm Sackpfeife (674 Meter), einer der schönsten Aussichtsplätze. Wanderweg vom Gasthof aus rund um Katzenbach über Berge, durch Wiesen und Wälder (2¹/₂ Stunden). Weg zur Kräuterhöhe.

15 Historisches Gasthaus Buschkamp, Bielefeld

Das Wichtigste in Kürze

In dem alten Gasthaus mitten im Senner Museumshof geht es sehr lebendig zu: Im Historischen Backspeicher nebenan wird noch Brot gebacken, der Bauerngarten blüht, und im Handwerkerhaus zeigen Künstler aus der Region ihre Bilder. Die Küche sorgt für westfälische Spezialitäten.

Preise:	Speisen und Getränke mittel bis gehoben
Öffnungszeiten:	Täglich 12.00 bis 22.30 Uhr
Anschrift:	Gasthaus Buschkamp, Buschkampstraße 75, 33659 Bielefeld, Telefon: 0521/493717, Fax: 0521/493388
Spezialitäten:	Ragout vom Senner Heide-lamm, Wurstebrei vom Rind und Schwein
Sitzplätze:	95, Terrasse 70

Eine bewegte Vergangenheit hat der historischen Gasthof hinter sich. Die erste urkundliche Erwähnung fand er im sogenannten Viehregister im Jahre 1676. Er gehörte zum Rittergut von Wendt zu Holtfeld. Später diente er als Rast- und Pferdewechselstätte. Für Reisende lag er am Rande der einzigen Fuhrwerkswegeführung von Bielefeld und Osnabrück nach Paderborn und Lippe. Zwischenzeitlich hatte man das schöne alte Gehöft durch ein modernes Wirtschaftsgebäude ersetzt. Einer Bürgerinitiative mit den heutigen Wirtsleuten an der Spitze und dem Denkmalschutz ist es zu verdanken, daß das Haus fachgerecht, Stück für Stück, abgetragen und nach strengen Vorgaben auf den Zustand von 1880 gebracht wurde. Die Schankwirtschaftstradition wird seit zehn Jahren fortgeführt mit Omas Küche und ihren bewährten Rezepten. Alles, was nicht im eigenen Garten wächst, wird von Biobauern bezogen. So dürfen sich Freunde der westfälischen Kost auf Wurstebrei mit Bratkartoffeln freuen, eine würzige Schlachtplatte oder dicke Bohnen mit Schweinebauch. Im Sommer sitzt man ganz idyllisch auf der Gartenterrasse und hat einen wunderbaren Blick auf die anderen vier renovierten Bauernhäuser und das Wäldchen.
Inzwischen gibt es mehrere Gastronomien auf dem Museumsgelände: den Buschkamp-Keller mit seinen Gewölben, wo früher der Selbstgebrannte lagerte, und ein französisches Gourmetrestaurant mit Auszeichnung.

Der Weg

Autobahn Hannover – Dortmund A 2, Abfahrt Bielefeld-Sennestadt in Richtung Bielefeld-Brackwede. An der Kreuzung Buschkampstraße links einbiegen, nach einigen hundert Metern links in den Museumshof.

Sehenswürdigkeiten

Das Hermannsdenkmal im Teutoburger Wald und das Westfälische Freilichtmuseum in Detmold (gute 20 km). Die alte Hansestadt Lemgo (Stadtkern aus dem 12. Jahrhundert), die Sparrenburg in Bielefeld.

Reizvolle Wege

Durch Wiesen und Wälder bis zum 2 km entfernten Hermannsweg laufen, der dann über den Kamm des Teutoburger Waldes führt. Weitere schöne Radwanderwege durch die Senne bis Gütersloh und Paderborn.

16 Landhaus Haverbeckhof, Bispingen-Niederhaverbeck

Das Wichtigste in Kürze

Inmitten der Lüneburger Heide liegt dieser idyllische Hof mit seinen romantisch-urigen Gästehäusern. Trotz ländlichen Lage nur sechs Kilometer von der Autobahnabfahrt Bispingen entfernt. Auf Wunsch werden kleine Portionen serviert.

Preise:	Speisen und Getränke: günstig bis mittel; Lammgerichte: gehoben
Öffnungszeiten:	Warme Küche: täglich 11.00 bis 21.30 Uhr; im Winter einen Monat geschlossen
Anschrift:	Haverbeckhof, Niederhaverbeck 2, 29646 Bispingen, Telefon: 05198/1251, Fax: 05198/1248
Spezialitäten:	Heidschnuckenleberwurst und -braten
Sitzplätze:	180 in drei Räumen, Saal 150
Unterkunft:	5 Einzel- und 21 Doppelzimmer
Unterkunftspreise:	Frühstück, Halb- oder Vollpension: Günstig

Der alte Gasthof Heidekrug wurde 1958 duch einen Brand total zerstört. An derselben Stelle wurde der jetzige Haverbeckhof wieder aufgebaut – zuerst nur als Pension, später kamen Gasthof und Café hinzu. Das Gesamtgrundstück gehört dem Naturschutzverein. Dem Gast liegt die schönste Landschaft zu Füßen, wenn er aus der Tür tritt: Felder, Weiden, Wälder und vor allem die einmalige, rotblühende Heide. Hauptblütezeit ist im August und September. Für naturverbundene und erholungssuchende Menschen behält die Heide das ganze Jahr über ihren Reiz. Da wird der Wanderer an manche Erzählungen von Hermann Löns erinnert. Liebevoll beschrieb er das schöne Land mit seinen flachen Kuppen, den Birken, den Wacholderbüschen, dem Schäfer, der, auf seinen Stab gestützt, inmitten seiner Herde über die grauwolligen Schafrücken wacht. Der Naturschutzpark ist nur von wenigen Straßen unterbrochen.

Das reetgedeckte Haupthaus sowie die Nebenhäuser, das Schäferhaus, die Heidekate und das »Auf dem Hof« (wie das dritte der Nebenhäuser genannt wird), bieten kleinen und größeren Gesellschaften Platz. Wer als Vegetarier nicht vom Heidschnuckenbraten kosten will oder darf, muß trotzdem nicht verhungern. Genügend vollwertige Gerichte stehen zur Wahl. Und auch sonst bietet die Küche, von der Suppe bis zum Dessert, regionale Kostbarkeiten aus der Heide.

Der Weg

Autobahn Hamburg – Hannover A 7, Ausfahrt Bispingen, 6 km in Richtung Ober- und Niederhaverbeck.

Sehenswürdigkeiten

Nicht weit entfernt: der Vogelpark Walsrode und der Heidpark in Soltau. Heimathäuser und Museen im und am Naturschutzpark. Mit der Kutsche zum Wilseder Berg. Bei klarem Wetter eine Fernsicht bis Hamburg. Besuch der historischen Altstadt von Lüneburg oder Celle ist zu empfehlen.

Reizvolle Wege

Rundwanderung durch das Tal der Haverbecke und die Heidefläche am Schneverdinger Weg: etwa einein-
halb Stunden (ungefähr 5 km) durch hinreißende, sich abwechselnde Landschaftsbilder, vorbei an Hügelgräbern der Bronzezeit. Der Wanderweg zum Wilseder Berg, 6 km entfernt, bietet einen knapp zweistündigen Spaziergang durch Wiesentäler, Heideteiche und weite Flächen, vorbei an immer wieder neu auftauchenden Wacholdersträuchern. Im Spätsommer sieht man etliche Bienenvölker.

17 Gasthof zum Waldhorn, Blaubeuren

Das Wichtigste in Kürze

Hier wird man rundum mit Hausmacherspezialitäten verwöhnt. Dafür sorgen die eigene Metzgerei, Konditorei, Ochsenbraterei und Lachsräucherei. Eine Bierauswahl von neun Brauereien wartet in der Bierbar-Klosterschänke im selben Haus. Biergarten mit Grill vor der Tür. Fahrradverleih.

Preise:	Speisen und Getränke günstig bis mittel
Öffnungszeiten:	Täglich 8.00 bis 24.00 Uhr
Anschrift:	Gasthof zum Waldhorn, Klosterstraße 21, 89143 Blaubeuren, Telefon: 07344/6342, Fax: 07344/3918
Spezialitäten:	Blautöpfle (Kalbsfilet gratiniert mit Kässpätzle)
Sitzplätze:	150 in drei Räumen, Bierbar 30, Terrasse 200
Unterkunft:	20 Doppelzimmer
Unterkunftspreise:	Günstig

4 00 Jahre alt ist der prächtige Gasthof, ein ehemaliges Frauenkloster. Später wurde es zu einem Gasthaus und Brauerei umgewandelt und hieß fortan »Nonnenhof«. Noch heute befindet sich im Keller eine offene Quelle, die unterirdisch mit dem geheimnisvollen »Blautopf« hinter dem Blaubeurener Kloster verbunden ist. Eine Sage erzählt von der schönen Wasserfrau Lau mit langen fließenden Haaren, die mal hier und mal dort aus dem Wasser auftauchte. Mit den Bürgern war sie böse und auch gut, je nach Laune. Die Leute brachten ihr oft Geschenke, um sie milde und fröhlich zu stimmen. Der Koch vom Nonnenhof, der sie mal eigenhändig zurück ins Wasser setzen wollte, hat sie noch schnell geküßt, bevor sie eintauchte. Die »Maulschellen«, die er bezog, hörten alle im Dorf, denn die klangen als Widerhall von den Mauern und Dächern des Klosters so laut wieder zurück, als wenn zwölf nasse Hände ihn geohrfeigt hätten.

Es muß wohl das tiefe, blaue Wasser des Quelltopfes sein, daß Dichter wie Eduard Mörike zu solchen Märchen inspirierte. Das Naturwunder ist 21 Meter tief bei nur 50 Meter Durchmesser und hält immer dieselbe Temperatur von neun Grad. Man muß unbedingt mal hineingeschaut haben – aber Vorsicht, die schöne Lau ist unberechenbar.

Außer von den wundersamen Geschichten, die um Ort und Gasthaus kreisen, wird man hier auch mit bodenständigen, schwäbischen Spezialitäten bewirtet. Zum Beispiel muß man den »Schwabenstreich« (Schweinelendchen mit geriebenem Käse und Tomaten) probieren, frisch gefangene Fische aus dem Bassin und aus der Blau oder das Wild aus den Blaubeurener Wäldern.

Der Weg

Autobahn A 8 München – Stuttgart, Ausfahrt Ulm-Ost, etwa 6 km auf der B 19 bis Ulm und dann auf der B 28 weiter (gute 10 km) bis Blaubeuren.

Sehenswürdigkeiten

Das Benediktinerkloster von Blaubeuren (1085), die Klosterkirche mit ihrem Hochaltar, das Heimatmuseum, die sagenumwobene Quelle »Blautopf« mit ihrem tiefblauen Wasserspiegel. Gleich nebenan befindet sich die alte Hammerschmiede.

Reizvolle Wege

Rundwanderweg an Hängen entlang und durch Buchenwälder zum Rusenschloß (Ruine); über den Tugendpfad wieder zurück. Ein Weg führt zum Blauberg (ein Felsen). Zum Aussichtspunkt »Schillerstein« (alles bis etwa $1^1/_2$ Stunden Dauer). Mehrere Wege bis 4 Stunden Wanderzeit: Blaubeuren bis Sontheimer Höhle und Weiler, oder bis Hessenhöfe und weiter über Machtolsheim und Hochbruch.

18 Gasthaus Op de Deel, Blomesche Wildnis

Das Wichtigste in Kürze

Der Gasthof, eine reetgedeckte Kate in der Nähe der Elbfähre Glückstadt-Wischhafen. Hier sitzt man in gemütlichen Stuben mit Wohnzim-
mercharakter. Große Portionen von Holsteiner Spezialitäten kommen auf
den Tisch. Die Umgebung lädt ein zu langen Fahrradtouren.

Preise:	Speisen und Getränke mittel
Öffnungszeiten:	Täglich 17.00 bis 22.00 Uhr (warme Küche), Freitag bis Sonntag außerdem 11.00 bis 15.00 Uhr, Montag Ruhetag
Anschrift:	Gasthaus Op de Deel, Am Neuendeich 127, 25348 Blomesche Wildnis, Telefon: 04124/8700, Fax: 04124/81833
Spezialitäten:	Glückstädter Matjes, Sauerfleisch mit Bratkartoffeln
Sitzplätze:	60 in zwei Räumen, Terrasse 45

Bis vor 48 Jahren war hier in der 1760 erbauten Bauern-kate noch ein landwirtschaftlicher Kleinbetrieb. Die Stuben sind liebevoll mit allen möglichen Geräten dekoriert, die im vergangenen Jahrhundert benutzt wurden. Der hübsche alte dänische Schrank, die gemütlichen Stühle, die Holz-decken und Holzbalken geben dem Ganzen eine anheimelnde Atmosphäre.

Wenn die Küche den Glückstädter Matjes offeriert, muß man unbedingt die Variation mit Honig-Dill-Senfsoße und Büsumer Krabben mit Bratkartoffeln probieren. Etwas Feines ist auch das Karpfenfilet in Kartoffelkruste in Apfel-Lauch-Soße. Für Liebhaber von Deftigem empfiehlt sich das hausgemachte Sauer-fleisch oder die Steakpfanne »Op de Deel«.

Dieser Gasthof ist eine ideale Einkehr für rastsuchende Fahrradfahrer und Wan-derer. Bei schönem Wetter sitzt man natürlich unter den alten Bäumen im Kaffee- und Biergarten. Gut zu verbinden mit einem Besuch in dem histori-schen Örtchen Glückstadt (wurde 1615 von König Christian IV von Dänemark als Festung errichtet).

Der Weg

Autobahn Hamburg – Itzehoe A 23, Abfahrt Elmshorn, auf die B 431 Richtung Glückstadt und weiter zum Elbfähranleger Glückstadt-Wischhafen.

Sehenswürdigkeiten

Gleich in der Nähe Glückstadt mit seiner barocken Stadtkirche (17. Jh.) und den Adels- und Beamten-häusern, das Brokdorf Palais (Museum). Zum Webeke-Kruse-Turm, wo einst die Geliebte von König Christian wohnte. Ein Ausflug mit der Fähre über die Elbe und weiter bis zum Alten Land mit seinen Obstplantagen.

Reizvolle Wege

Nur 500 Meter bis zur Elbe. Direkt hinter dem Haus durch die Gemüsefelder an den hübschen strohge-deckten Wasthäusern auf den Hügeln vorbei bis zum Fluß. Am Deich führt kilo-meterlang ein Radwanderweg, der immer wieder mal unterbrochen wird von Schafsperren. Mit dem Rad oder mit dem Auto bis zum Nord-Ostsee-Kanal (25 km) und dort entlangwandern.

19 Landhaus Le Passé, Bretzenheim

Das Wichtigste in Kürze

Hier kann man gleich zwei Vorlieben frönen: Wer gerne gut speist und wer gerne Antiquitäten sammelt, ist hier an der richtigen Adresse. Vor oder nach dem Essen kann man einen Blick in das dazugehörige Lädchen werfen und das eine oder andere gute Stück gleich erwerben.

Preise:	Speisen mittel bis gehoben, Naheweine günstig bis mittel
Öffnungszeiten:	Dienstag bis Samstag 18.00 bis 23.00 Uhr, sonn- und feiertags 12.00 bis 23.00 Uhr, Montag Ruhetag
Anschrift:	Landhaus Le Passé, Naheweinstraße 19, 55559 Bretzenheim, Telefon: 0671/46168, Fax: 0671/45560
Spezialitäten:	Flammekuchen, Mistkrätzerle im Gemüsebeet
Sitzplätze:	38, Gute Stubb 20, Innenhof etwa 50
Unterkunft:	2 Doppelzimmer
Unterkunftspreise:	Günstig

Es ist gar nicht so abwegig, Antiquitäten mit gutem Essen zu verbinden: Die Besitzer haben nämlich ihre beiden Hobbys einfach zusammengeworfen, und so entstand dieser romantische Landhof an der Nahe mit seinem Namen, der denn auch Vergänglichkeit signalisiert. Das dichtbewachsene Backsteinhaus läßt von der Straße aus nur wenig erahnen, was einen drinnen erwartet. Das umgebaute Weingut aus dem Jahre 1870 hat seinen Charme nicht verloren, ganz im Gegenteil: Im Innenhof, der mit Oleander und Nußbäumen bepflanzt ist, in dem dicke Holztische auf klobigen Pflastersteinen stehen, fühlt man sich eher wie in Südfrankreich als in Bretzenheim. Die ländliche Idylle wirkt dabei natürlich und nicht gestylt. Ebenso empfindet man, wenn man in dem licht-durchfluteten Gastraum im Dachboden speist. Die Küche paßt zum Ambiente: bodenständige Gerichte mit französischen Charme. Zum Beispiel die »Franzo-senmahlzeit« für zwischendurch, bestehend aus Salami vom Brett mit einem Glas Rotwein, Boudin (aufgeplatzte Blutwurst) mit Bratkartoffeln und Apfelmus, oder Flammekuchen als Vorspeise. Die Weinkarte macht die Auswahl schwer: einige gute Franzosen, Italiener und ein großes Sortiment an Naheweinen. Für die ganz Müden stehen zwei wunderschön eingerichtete Gästezimmer zur Ver-fügung.

Der Weg

Autobahn Koblenz – Ludwigshafen A 61, Ausfahrt Bad Kreuznach, auf der B 41 nach Bad Kreuznach, an der Gabelung weiter auf der B 48 bis Bretzenheim. Hinter der zweiten Ampel (1,5 km nach dem Ortsschild) rechts das Restaurant.

Sehenswürdigkeiten

Gute 15 Minuten bis Bingen (Rheinfahrt); dort sind mehrere Stationen der heiligen Hildegard (Naturfor-scherin und Ärztin, 1098 – 1179) zu besichtigen: Kloster Disibodenberg und Museum, Kloster Rupertsberg, Wallfahrtskirche Ei-bingen und Abtei Hildegard in Rüdesheim/Eibingen (1998 wird der 900. Geburtstag der hl. Hildegard gefeiert). Die Burg in Bad Münster am Stein ist nur wenige Kilometer vom Gasthof entfernt.

Reizvolle Wege

Jenseits der Straße füh-ren Wege durch die Wein-berge.10 Minuten Autofahrt ins Salinental. Ein wun-derschöner Weg führt an der Nahe und an den Salinen vorbei.

20 Gasthof Zur Linde, Burg/Spreewald

Das Wichtigste in Kürze

Dieser kleine Gasthof mit Übernachtungsmöglichkeiten hat eine besonders schöne Gartenterrasse mit alten Bäumen. Kutsch- und Kahnfahrten sind gleich in der Nähe möglich. Fahrradverleih 50 Meter weiter.

Preise: Speisen und Getränke günstig
Öffnungszeiten: Täglich ab 11.00 – bis der letzte Gast geht.
Anschrift: Zur Linde, Hauptstraße 38, 03096 Burg/Spreewald,
                   Telefon und Fax: 03 56 03 / 2 09
Spezialitäten: Spreewälder Fischsuppe, Aal in Spreewald-
                   sauce, hausgemachte Sülze
Sitzplätze: 90 in drei Räumen, Garten 80
Unterkunft: 9 Doppel-, 2 Einzelzimmer,
                   2 Apartments
Unterkunftspreise: Günstig

Der kleine Ort Burg liegt mitten im schönen Spreewald mit seinen verzweigten Flußarmen. Für Naturfreunde ein guter Standort. Die Kahnpartie über die Spree geht vom sechs Kilometer entfernten Spreeschlößchen ab. Eine kleine Anlegestelle ist nur 300 Meter weiter vom Gasthof entfernt. Wer lieber mit einer Kutsche durch die Landschaft fahren möchte, wird vom Gasthof sogar abgeholt. Das wird gerne organisiert.

Der schönste Platz im Landgasthaus ist die Gartenterrasse. Unter alten Bäumen sitzt man fast wie in einem kleinen Wäldchen.

Der Gasthof ist über 100 Jahre alt und trug schon immer den Namen »Zur Linde«. Die jetzige Wirtin besitzt ihn seit der Wende. Rundum modernisiert, bietet er heute mit seinen Spreewälder Spezialitäten, wie Zanderschnitte oder Aal mit der regionalen typischen Spreewaldsoße, ein schönes Ausflugs- und Urlaubsziel. Ein Gericht steht wie folgt auf der Karte: »Was macht den Spreewälder stark? Kartoffeln, Zwiebeln, Leinöl und Quark«. Alles gibt es hier noch zu günstigen Preisen.

Der Weg
Von Berlin auf der A 13 in Richtung Cottbus bis zur Gabelung, weiter die A 15 in Richtung polnischer Grenze bis Abfahrt Vetschau; nur wenige Kilometer über Möschen nach Burg.

Sehenswürdigkeiten
Bismarckturm im Ort, etwa 10 km weiter die Schinkel-Kirche in Straupitz. Das Fürst-Pückler-Schloß Branitz mit Park bei Cottbus (20 km). Nah beieinander liegen Schloß Lübbenau und das Freiland-Spreewald-Museum.

Reizvolle Wege
Sehr schöne Radwanderwege von Burg bis Straupitz durch die Spreewaldlandschaft oder bis Cottbus und Peitz (viele Teiche).

21 Klostergasthof Raitenhaslach, Burghausen

Das Wichtigste in Kürze

Altbayerische und internationale Küche wird in den tiefen Gewölben dieses Gasthofes gepflegt. In einer einzigartigen Landschaft oberhalb der Salzach liegt das ehemalige Zisterzienserkloster. Im Sommer sitzt man im historischen Biergarten. Fremdenzimmer vorhanden.

Preise:	Speisen und Getränke günstig bis mittel
Öffnungszeiten:	Täglich 10.00 bis 24.00 Uhr
Anschrift:	Klostergasthof Raitenhaslach, Raitenhaslach 9, 84489 Burghausen, Telefon: 08677/9730, Fax: 08677/66111
Spezialitäten:	Kalbslüngerl mit Semmelknödeln
Sitzplätze:	250 in drei Räumen, Kaffee-terrasse 80, Biergarten 450
Unterkunft:	26 Zimmer
Unterkunftspreise:	Günstig bis mittel

21

Auch als »Perle des Salzachtals« (nördlich vom Chiemsee) wird das ehemalige Kloster mit seiner prunkvollen goldenen spätbarocken Kirche bezeichnet. Dieser bayerische Landesteil ist vom Fremdenverkehr relativ unberührt geblieben. Viele kleine Dörfer mit hübschen gotischen Kirchen finden sich in der Umgebung. Idyllische Einzelhöfe liegen zwischen den Orten, an Wäldern und Feldern.

Eine historische Aufzeichnung beweist, daß der alte Klostergasthof schon über 400 Jahre existiert. Damals hatte man ein eigenes klösterliches Gefängnis geschaffen, wo im Namen des Abtes kleinere Vergehen auf den Stiftsgütern verbüßt wurden. So saß zum Beispiel auch ein gewisser Bernhard Unlust im Jahre 1449 hier ein, weil er im Schankhaus »üble Reden« gegen den Abt geführt hatte. Das Kloster selbst mit seiner Brauerei ist über 700 Jahre alt.

1986 ist der Gasthof vollkommen umgestaltet worden. Urgemütlich sind die Räume mit den Gewölben, dem Holz- oder großpflastrigen Steinfußboden. Viele Gegenstände erinnern an eine vergangene Zeit. Eine Einkehr lohnt sich, denn man wird gastfreundlich mit herzhaften, bodenständigen Speisen, wie beispielsweise Kalbslüngerl mit Semmelknödeln, zu noch niedrigen Preisen bedient. Besonders gut schmecken auch die gegrillten Spezialitäten wie die Spareribs. Dazu das selbstgebraute Raitenhaslacher oder ein Gläschen aus dem Nachbarland Österreich. Sehr einladend wirkt der geschützt liegende Klosterbiergarten.

Der Weg   Der Weg: Von München auf der B 12 über Altötting bis zur Abfahrt Marktl. Auf der B 20 weiter über Burghausen nach Raitenhaslach.

Sehenswürdigkeiten   Neben dem Gasthof: Klosterkirche und Kreuzgang mit über 100 Grabplatten, 4 km bis Burghausen an der Salzach mit der längsten Burganlage in Europa (1034 Meter, 13. bis 16 Jh.), Wohnhäuser aus dem 17. und 18. Jahrhundert, alte Stadtmauer. Rokoko-Wallfahrtskirche in Marienberg.
Ein Erlebnis: Plättenfahrten auf der Salzach (historische Salzkähne).

Reizvolle Wege   Sehr schöner Wanderweg vom Gasthof aus an der Salzach entlang bis Burghausen. Radwanderweg in Richtung Marktl (10 km) und weiter über Burghausen bis Passau (vom Gasthof bis Passau 80 km). Ein Fahrradweg führt bis Salzburg (50 km).

22 Ritterhof zur Rose, Burrweiler

Das Wichtigste in Kürze

Ein altehrwürdiger, ehemaliger Landsitz direkt an der Weinstraße gelegen. Der Park wird im Sommer als Biergarten genutzt. Auf Wunsch ist hier jede Hauptspeise als Probierportion zu haben. Kinder bekommen ihre eigene Speisenkarte und ein Set zum Malen, damit die Eltern vielleicht in Ruhe essen können.

Preise:	Speisen und Getränke mittel
Öffnungszeiten:	Mai bis Oktober: 11.30 bis 22.00 Uhr, November bis April: 11.30 bis 14.30 Uhr, 17.30 bis 22.00 Uhr, Ruhetag Donnertag
Anschrift:	Ritterhof zur Rose, Weinstraße 11, 76835 Burrweiler, Telefon: 06345/3598, Fax: 06345/9119522
Spezialitäten:	Pfälzer Herrgottsbscheißerle (Nudelteig mit Saumagenfüllung)
Sitzplätze:	100 in drei Räumen

Drinnen wie draußen eine freundliche, romantische Atmosphäre. Der Name Ritterhof ist historisch ein bißchen geschummelt, denn das Anwesen wurde erst im 18. Jahrhundert für eine Landauer Familie erbaut. Das aber tut der Qualität keinen Abbruch. Wie gemalt wirkt der Gasthof in dem kleinen Burrweiler mit den umliegenden Weingärten. Einen herrlichen Ausblick in die Rheinebene gewährt der Ritter-Garten. Die Wirtsleute gelten als besonders kinderlieb; gleich nebenan hat man für die Kleinen einen Minispielplatz arrangiert,

Rustikal wird es in den Innenräumen. Im »ritterlichen Keller« ziehen sich dunkle Deckenbalken hindurch, die Wände sind bemalt, der Fußboden ist aus Stein. Im ersten Stock, dem eigentlichen Restaurant, fehlt es zwar auch nicht an uriger Atmosphäre, aber die Tische sind hell aufgedeckt, und durch die vielen Fenster leuchtet das satte Grün der Gärten.

Die Speisekarte bietet für jeden Geschmack, für jeden Hunger und auch für Unentschlossene etwas an. Man kann nämlich auf Wunsch von mehreren Hauptgerichten probieren. Die halbe Freilandente mit Kastaniengemüse kommt besonders gut an. Wer es richtig pfälzisch möchte, läßt sich Saumagen und Bratwurst vom Grill servieren. Als Spezialität gilt das »Pfälzer Herrgottsbscheißerle«. Dazu hat man die Qual der Wahl bei den vielen Weinen aus der Region und den heimischen Edelbränden. Und das alles noch zu bodenständigen Preisen.

Der Weg

A 65 Ludwigshafen – Karlsruhe, Abfahrt Edenkoben, auf der B 38 in Richtung Landau, durch Edenkoben hindurch nach Edesheim, dann rechts Richtung Albersweiler. Auf halber Strecke ist man in Burrweiler.

Sehenswürdigkeiten

Hambacher Schloß – hier hängt die berühmte deutsche Fahne – bei Neustadt (15 km), mit Konzert- und anderen Veranstaltungen. Schloß Ludwigshöhe (knapp 10 km), Anna-Kapelle im Ort auf dem Berg.

Reizvolle Wege

Etwa eine halbe bis dreiviertel Stunde führt ein Kreuzweg hoch bis zur Anna-Kapelle. Von dort aus gehen herrliche Wanderwege (Pfälzer Wald- und Wanderverein) von Hütte (z. B. Gleisweiler Hütte) zu Hütte – im Sommer mit Gastronomie. Zur Riedburg kann man wandern oder auch im Sommer mit der Sesselbahn hochfahren.

23 Merkers Weinstuben, Diesbar

Das Wichtigste in Kürze

An der sächsischen Weinstraße liegt dieser Hotel-Gasthof. Von der über-dachten Terrasse hat man einen herrlichen Blick über die Elbe. Eine große Weinauswahl steht zur Verfügung, vor allem aus der hauseigenen Weinkellerei. Besonderer Service: Gäste werden vom Bahnhof in Meißen oder auch Dresden abgeholt.

Preise:	Speisen und Weine günstig bis mittel
Öffnungszeiten:	Dienstag bis Donnerstag 17.00 bis 22.00 Uhr, Freitag bis Sonntag 11.00 bis 22.00 Uhr. Montag Ruhetag
Anschrift:	Merkers Weinstuben, Meißnerstraße 10, 01612 Diesbar-Seußlitz, Telefon: 035267/50780, Fax: 035267/50317
Spezialitäten:	Wildschweinbraten oder Rehrückenfilet mit Bananen
Sitzplätze:	Stube 28, Vereinszimmer 25, Terrasse 25
Unterkunft:	5 Doppel-, 2 Einzel-zimmer, 1 Apartment
Unterkunftspreise:	Günstig, bei sieben Tagen eine Übernachtung frei, Rabatte für Kinder

Inmitten von Weinbergen in einem Landschaftsschutzgebiet betreibt Albrecht Merker, Winzer, Koch und Gastwirt in einer Person, seine Landgaststätte. Seit 1992 kellert er den eigenen Wein aus Weißburgunder, Müller-Thurgau, Riesling, Kerner und Ruländer Trauben. Daneben bietet er noch eine Vielzahl an anderen Weinen aus dem Elbtal an, so zum Beispiel den Meißner für Kenner.

An fein aufgedeckten Tischen genießen die Gäste gehobene regionale Küche zu niedrigen Preisen. Die Zimmer im Haus sind alle modern eingerichtet. Seit zwei Jahren wird auch eine Ferienwohnung angeboten.

Die Herberge, direkt an der Elbe, ist ein ideales Ausflug- und Urlaubsziel, wo man Ruhe, aber auch viel Abwechslung geboten bekommt. So sollte man auf die organisierten Weinwanderungen, die Weinabende oder auch die Keller-führungen nicht verzichten. Der Ausflug in das nahe gelegene Meißen ist fast zwingend.

Der Weg

Autobahn Erfurt – Dresden A 4, Ausfahrt Nossen Ost, Richtung Meißen, in Meißen über die Elbbrücke, links entlang der Elbe bis Diesbar. Von der Autobahnausfahrt bis zum Gasthof knapp 20 Kilometer.

Sehenswürdigkeiten

20 km bis zum Jagdschloß Moritzburg (August der Starke), mit vielen kleinen Seen und Teichen. Auch ein Wildgehege befindet sich im Ort. Interessanter, schöner Tagesausflug führt über Meißen, Dresden nach Schloß Pillnitz mit Orangerie und Palmenhaus (ungefähr 55 km Gesamtstrecke). Man kann auch in Dresden das Auto stehenlassen und eine Schaufelrad-Dampferfahrt durch die reizvolle Sächsische Schweiz machen. Eine Leipzig-Fahrt mit dem Auto über die Autobahn dauert eine drei-viertel Stunde.

Reizvolle Wege

Viele Wanderwege in unmittelbarer Umgebung führen durch die Weinberge, zum Beispiel bis ins Natur-schutzgebiet Seußlitzer Grund (Barockschloß Seußlitz mit Kirche). Direkt hinter dem Haus führt ein Wanderweg über die Schöne Aussicht durch den Wald bis Löbsal (kleines Örtchen mit Gasthaus) – ungefähr eine halbe Stunde Weg. Durch Weinberge und Wald über die Goldkuppe zum Forellenteich (dreiviertel Stunde). Ausdauernde, sportliche Radfahrer können sich auf dem langen Radweg über Meißen bis Dresden verausgaben (55 Kilometer).

24 Friesenhof Cornelius, Nordseebad Dorum

Das Wichtigste in Kürze

Nicht nur im Sommer lädt das reetgedeckte Bauernhaus zur Einkehr ein. Im gemütlichen bäuerlich-antiken Ambiente wärmt man sich nach einer Deichwanderung behaglich am Kamin auf und läßt sich mit gutbürgerlichen Gerichten (Geflügel vom eigenen Hof) verwöhnen.

Preise:	Speisen und Getränke mittel bis gehoben
Öffnungszeiten:	Von Mai bis September Dienstag bis Sonntag 12.00 bis 24.00 Uhr oder bis der letzte Gast geht, Montag Ruhetag
Anschrift:	Friesenhof, Lührentrift 2, 27632 Nordseebad Dorum, Telefon: 04741/3610, Fax: 04741/3612
Spezialitäten:	Friesenhof-Strandgeflüster: Matjes, hausgeschälte Krabben, Dorsch und eingelegter Hering mit Bratkartoffeln. Dorumer Krabbensuppe
Sitzplätze:	80 in zwei Räumen, Garten 45

24

Eigentlich war das 1985 erbaute Reetdachhaus als Wohn- und Ferienhaus gedacht, bis den Besitzern Anfang der 90er Jahre die Idee mit dem Gasthof kam. Er sollte mit vielen Antiquitäten ausgestattet und natürlich sollten dort norddeutsche Speisen aufgetischt werden.

Schon von außen hat das Friesenhaus etwas Putziges: die roten Backsteine, teilweise mit Felssteinen abgesetzt, die Sprossenfenster und die Ochsenaugen am tiefhängenden dicken Reetdach. Wenn man eintritt, wird es heimelig: die alten Fußbodenfliesen, der Wurster Kachelofen und die Bauernhaus-Eichen-möbel. Sogar eine 150 Jahre alte Ledertapete aus der Kapitänskajüte eines Schiffes des »Norddeutschen Lloyd« findet sich hier wieder. Auf den Stühlen hat auch schon mancher Kapitän gesessen. Uromas Sofas haben längst ein neues Innenleben erhalten. Fast von jeder Ecke sieht man auf die weite Mar-schenlandschaft und den Wurster Seedeich.

Die Küche bringt alles auf den Tisch, was ein norddeutscher Landgasthof zu bieten hat: »Opi Hucks Frühstück« aus Krabben (direkt vom Kutter) mit Brat-kartoffeln und Eiern, ebenso die besondere Krabbensuppe, die Scholle, das gebratene Limandesfilet oder das Putensteak von der eigenen Geflügelhaltung. Bei warmen Wetter muß man unbedingt im verwilderten Garten speisen.

Der Weg

Autobahn A 27 Bremen – Cuxhaven, Ausfahrt Dorum/ Neuenwalde, nach Dorum und über Dorum hinaus geradeaus – bis 300 Meter hinter dem Deich links der Friesenhof steht.

Sehenswürdigkeiten

Bis Bremerhaven 25 km: Deutsches Schiffahrtsmu-seum, Zoo am Meer mit Nordsee-Aquarium, Freilicht-museum »Speckenbüttel«, Morgenstern-Museum; das Prunkstück vor den Toren der Stadt: Burg Bederska. In Cuxhaven das Museumsschiff »Elbe 1«, Stadtmuseum, Wrackmuseum. Heimatmuseum »De Lindenhoff« in Debstedt. Niedersächsisches Deichmuseum in Dorum, in Midlum die Großsteingräber, die alte Wehrkirche, eine Windmühle, ein landwirtschaftlicher Lehrpfad. In Wremen den Aussichtsturm am Großschiffahrtsweg, Töpferhaus, Webstube. In Neuen-walde das Kloster von 1334, Klosterkirche. In Steinau das Torfwerk.

Reizvolle Wege

Wanderungen über den Deich, Radwanderweg von Dorumer Tief bis Wremer Tief (11 km). Viele schöne Radwanderwege durch die weite Marsch. Besonderes Erlebnis per Rad: der Weser-Radweg, von Hann. Münden kommend (450 km), schließt er in Bremer-haven an die reizvolle Deichstrecke bis Cuxhaven an.

25 Altes Gasthaus Christ, Emmerich-Hüthum

Das Wichtigste in Kürze

Dicht an der deutsch-niederländischen Grenze und unmittelbar am Rhein befindet sich der Ort Emmerich mit dem 300 Jahre alten Gasthaus. Rheinische Hausmannskost wird hier serviert. Mit vielen Antiquitäten ausgestattet. Schöne schattige Gartenlaube.

Preise:	Speisen und Getränke mittel bis gehoben
Öffnungszeiten:	Täglich 18.00 bis 22.00 Uhr, Sonn- und Feiertage 12.00 bis 14.00 Uhr, Montag und Dienstag Ruhetage
Anschrift:	Altes Gasthaus Christ, Eltener Straße 425, 46446 Emmerich-Hüthum, Telefon: 02822/70302, Fax: 02822/94146
Spezialitäten:	Spanferkel aus eigenem Backhaus
Sitzplätze:	70 in drei Räumen, Saal 55, Laube 100

25

Auffällig und einladend wirkt das mit Weinlaub wildbewucherte denkmalge-schützte Haus. 1690 erbaut, wurde damals schon Gastronomie und Landwirt-schaft betrieben. Seit zehn Generationen ist die Schenke in Familienbesitz. Rei-sende mit Pferd und Wagen fanden hier Quartier und konnten sich an Speisen und Getränken laben. Ganz praktisch, denn die Schmiede lag direkt gegenüber und die Leute konnten sich, während das Pferd beschlagen wurde, die Warte-zeit im Gasthof verschönern.

1790 wurde der Gasthof durch ein Querhaus ergänzt. In dem im oberen Stock-werk gelegenen Saal hielten die Bauern Versammlungen ab und feierten ihre Feste wie Hochzeiten, Geburtstage und Taufen. Der Tanzboden mußte durch dicke Balken abgestützt werden. Den köstlichen Speckpfannkuchen »Leckere Mädche«, den man sich bei einer Einkehr nicht entgehen lassen darf, gab es auch da schon. Die traditionelle Speisefolge auf diesen Familienfesten bestand allerdings aus kräftiger Fleischsuppe, Schweine- oder Rinderschmorbraten mit Gemüse, Kartoffeln und viel Soße. Nach Pudding und Rissepapp (Reisbrei) folgten meist noch schwere Torten.

Gesellig ist es auch heute noch im Alten Gasthaus Christ. Der Saal hat für diverse Festivitäten längst nicht ausgedient. Ganz nach Wunsch wird ein köst-liches Menü, beispielsweise mit Sauerbraten oder Ente im Teigmantel, zu-sammengestellt oder ein Spanferkel gebraten. Im Sommer muß man in der romantischen Gartenlaube mit dem alten Brunnen tafeln.

Der Weg

Autobahn A 3 Arnheim – Ruhrgebiet, Ausfahrt Emme-rich. Auf der B 220 nur wenige Kilometer bis Emme-rich (nah an der B 8 gelegen).

Sehenswürdigkeiten

In der Nähe das Schloß Moyland, in Kleve das Klever Museum und Kurhaus. Die längste Hängebrücke (1228 Meter) von Deutschland führt bei Emmerich über den Rhein. Rheinmu-seum mit über 120 Schiffsmodellen, Museum für Kaffeetechnik, Plakatmuseum. Skulpturen an der Rheinpromenade, Schlößchen Borghese, Martini-Kirche mit Schatzkammer, Eltenberg mit 1000jähriger St.-Vitus-Kirche.

Reizvolle Wege

Spaziergänge bis zum Rhein und auf der Rheinpro-menade. Zwei Radwege führen um den Gasthof: die Eurobike-Route (100 km lang) und die Niederrhein-Route (630 km lang). Spa-zier- und Radwanderwege im Waldgebiet Eltenberg.

26 Post-Gasthof Goldener Hirsch, Emskirchen

Das Wichtigste in Kürze

Ein prächtiger Gasthof mit alter Tradition. Berühmte Leute aus vergangenen Tagen wurden damals von den Postkutschen hierhergebracht.
Heute hält der Gasthof für die Einkehrenden fränkische Spezialitäten bereit. Außerdem befindet sich hier die einzige Kutscherschule Deutschlands (eine Woche, mit anerkannter Prüfung). Emskirchen wird auch das Tor zum Naturpark Frankenhöhe genannt.

Preise:	Speisen und Getränke günstig bis mittel
Öffnungszeiten:	10.00 bis 14.00 Uhr, 17.30 bis 23.00 Uhr, sonntags durchgehend, Montag Ruhetag
Anschrift:	Post-Gasthof Goldener Hirsch, Marktplatz 6, 91448 Emskirchen, Telefon: 09104/695, Fax: 09104/691
Spezialitäten:	»Kutscher Pfännle« (Fleisch, Wurst Zwiebeln und Kartoffeln), Tafelspitz mit böhmischen Knödeln
Sitzplätze:	130 in drei Räumen, Stall 200, Biergarten 100
Unterkunft:	2 Einzel-, 7 Doppelzimmer
Unterkunftspreise:	Günstig

26

Viele Gasthöfe haben Tradition, aber nicht alle haben Gäste wie Kaiserin Maria Theresia, Friedrich von Schiller, Ludwig van Beethoven oder Giacomo Casanova vorzuweisen (Eintrag vom 6. Dez. 1783).

In dieser alten Thurn-und-Taxis-Pferdewechselstation aus dem Jahr 1532 ist vieles aus vergangenen Tagen erhalten geblieben: Die Hirschenstube mit ihrer 400jährigen Balkendecke oder die Tenne mit ihren Kreuzgewölben. Der Stall mit einer Kleinkunstbühne ist kaum umgebaut worden. Romantisch wird es im Hof mit seinem urigen Biergarten. Ganz wie früher ist Platz für Kutsche, Roß und Reiter. Wer es beschaulich und ruhig möchte, darf sich im Gras des Sonnengartens mit Decke und Picknickkorb niederlassen. Egal in welchen Räumen und Gärten man sich aufhält, überall wird Köstliches aus der fränkischen Küche mit schwäbisch-bayerischem Einfluß serviert. Zum Beispiel solche Posthalterempfehlungen wie Tafelspitz, Kutscherpfännle oder, für Vegetarier, die schwäbischen Gemüsemaultaschen. Aus umliegenden Weihern stammen die Karpfen. Für Kinder und Senioren gibt es auch halbe Portionen.

Einen besseren Standplatz kann der Gasthof gar nicht haben. Das Dörfchen, als Siedlung im Jahre 1156 urkundlich erwähnt, liegt eingebettet im Talkessel der Aurach. Eine reizvolle Landschaft mit einem gut markierten Wandernetz.

Der Weg Autobahn 73 Nürnberg – Bamberg, Ausfahrt Frauenaurach, über Herzogenaurach 20 km bis Emskirchen.

Sehenswürdigkeiten Im Ort: interessante Häuser in der Hindenburgstraße wie die alte Hufschmiede aus dem Jahr 1745. Der alte Herkulesbrunnen am Rathaus (1725 erbaut). In Brunn: Pfarrkirche und Schloß. Die Burgruine »Eppala« (Volksmund), nördlich von Altschauerberg (wohl schon 1388 zerstört). In Bucklingen die ehemalige Wasserburg. Nach Bad Windsheim ins Freilandmuseum, oder zum schönen Rokokostädtchen Ansbach. Ausflüge zu den Naturparks Steigerwald und Fränkische Schweiz. In der Nähe: Das Erlebnisbad »Atlantis« in Herzogenaurach.

Reizvolle Wege Durch den Naturpark Frankenhöhe mit seinen Hügeln, Wiesen und Wäldern, vorbei an Mühlen, Weilern, interessanten Bauern- und Bürgerhäusern. Eine Orientierungstafel hängt am alten Pfarrhaus an der Aurachbrücke. Ein Weg führt oberhalb der Aurach entlang über ein Wiesenstück über den Hof der Finkenmühle. Weiter über Kotzenaurach bis Bucklingen (Schloßruine) immer wieder durch Täler und an Weihern vorbei.

27 Landhaus Baur, Fischbachtal-Lichtenberg

Das Wichtigste in Kürze

Mitten im Odenwald auf einer Wiese mit Blick auf Schloß Lichtenberg befindet sich dieses Landhaus der gehobenen Art: Seine Küche wie auch der kleine Hotelbetrieb des Hauses ist mehrfach ausgezeichnet worden. Dazu paßt gut die exklusive Raumausstattung

Preise:	Speisen und Getränke gehoben. Menüpreise nicht viel weniger als gehoben
Öffnungszeiten:	Dienstag bis Sonntag 18.30 bis 21.00 Uhr (Küchenannahmeschluß), Mittwoch bis Sonntag 12.00 bis 13.30 Uhr (letzte Bestellung). Montag Ruhetag, je 2 Wochen Ferien im Januar und im Oktober
Anschrift:	Baur, Lippmannweg 15, 64405 Fischbachtal-Lichtenberg, Telefon: 06166/8313, Fax: 06166/8841
Spezialitäten:	Lichtenberger Rehbock mit Kirschen, Süßspeise: gefüllte Pflaumenbonbons
Sitzplätze:	45, Terrasse 25
Unterkunft:	10 Betten im Haupthaus, 10 Betten im Gästehaus
Unterkunftspreise:	Mittel bis gehoben, keine Halb- oder Vollpension möglich

27

Wie im Bilderbuch ist diese Landschaft des Odenwaldes: Bauerngärten, Wiesen, Bäche, Obsthaine, Pappelreihen und hügelige Felder. Dazwischen sieht man immer wieder ziegelrote Dächer hervorblitzen. Etwas Geheimnisvolles strahlt der Nibelungenwald aus. Die Nibelungenstraße zieht sich von Bensheim aus hinauf über Reichenbach, Gadernheim bis Kolmbach. So paßt das kleine Landhaus, die ehemalige Villa eines Frankfurter Chirurgen, wunderbar in dieses Bild. 12.000 Quadratmeter parkähnliches Grundstück gehören dazu mit Blick auf das Renaissanceschloß Lichtenberg. Ideal für Naturfreunde, die sich außerdem auf höchster Ebene kulinarisch verwöhnen lassen möchten. Nicht alltägliche Kreationen kommen hier auf den Tisch. Zum Beispiel in der Winterzeit das Fasanen-Saltimbocca auf getrüffeltem Griesbrei. Alles, was in der Umgebung zu finden ist – wie zum Beispiel Holunderblüten –, wird in der Küche verarbeitet. Das Obst für die Hausbrände liefern die eigenen Obstbäume. Gebrannt wird allerdings in der nahegelegenen Brennerei. Die Zutaten und das Fleisch stammen vorwiegend aus der Gegend, direkt vom Geflügelzüchter und vom Bauern. Es empfiehlt sich, die angebotenen Menüs zu wählen (vier und sechs Gänge), damit man von möglichst vielen Kreationen kosten kann.

Der Weg Autobahn Frankfurt – Mannheim A 3 und A 5, Ausfahrt Darmstadt oder Pfungstadt, B 426 Richtung Ober-Ramstadt/Höchst im Odenwald, über Groß-Bieberau zur Gemeinde Fischbachtal, Ortsteil Lichtenberg.

Sehenswürdigkeiten Schoß Lichtenberg (die ehemalige Burg von 1225 wurde 1479 zum Renaissanceschloß umgebaut) mit Museum und Schloßkonzerten, nach Darmstadt zur Mathildenhöhe (15 km) oder nach Erbach mit seiner Elfenbeinschnitzerei.

Reizvolle Wege Rundwanderung durch das gesamte Fischbachtal (etwa 12 km) oder Wanderung auf dem kulturhistorischen Lehrpfad (keltische Ringbefestigung) in Heuneburg (1 Stunde).

28 Landgasthof Karner, Frasdorf

Das Wichtigste in Kürze

Ein edler Gasthof im schönen Chiemgau mit seinen drei Landschafts-
schutzgebieten. Nichts für Reisende, die nur das kleine bayerische
Schmankerl verzehren möchten. Gehobene Küche mit jeder Menge
köstlicher Menüvorschläge. Gute Adresse zum Urlaub machen;
Wochenendpauschalen.

Preise: Speisen und Getränke gehoben
Öffnungszeiten: 12.00 bis 14.00 Uhr, 18.00 bis 22.00 Uhr, November
                      bis Februar Montag bis Donnerstag mittag
                      geschlossen
Anschrift: Landgasthaus Karner, Nußbaumstraße 6,
                      83112 Frasdorf, Telefon: 08052/4071,
                      Fax: 08052/4711
Spezialitäten: Lachssoufflé, Lammrücken in Kräuterkruste
Sitzplätze: 167 in vier Räumen,
                      Garten 50
Unterkunft: 19 Doppel-, 2 Einzelzimmer,
                      5 Apartments
Unterkunftspreise: Mittel; Wochenendarrangements

28

Viel Platz für Feierlichkeiten beherbergt das 360 Jahre alte Haus. Seit 1663 hat der Hof mit seiner Mühle das Schankrecht. Er wurde einst für die reisenden Kaufleute zwischen Bad Reichenhall und Salzburg eingerichtet. Inzwischen steht das Haus unter Denkmalschutz. Als Wirtshaus Niederauer wurde es in den 80er Jahren von den jetzigen Wirtsleuten übernommen. Mit viel Liebe und Mühe haben sie den Hof restaurieren lassen und mit rustikalem Bauernmobilar und Kunstgewerbestücken ausgestattet. Ein starkes Küchenteam schafft es, auch große Gruppen zu verwöhnen. Zur Auswahl steht beispielweise das Bayerische Menü ab 30 Personen, als Buffet mit mindestens 50 Personen, oder die Elsässer Speisenfolge ab 50 Gästen. Auch auf den Gast, der gern alle Gänge mit Fisch haben möchte, ist man vorbereitet. Für das Mittagessen wird ein »kleines Lunchmenü« empfohlen, zum Beispiel die gesottene Rinderbrust mit Röstkartoffeln als Hauptgang.

Der Landgasthof ist bekannt für seine frische Kräuterküche. Alle möglichen Kräutlein, die Feld, Wiese und Garten hergeben, werden hier verarbeitet: Die Tellersülze vom Saibling gibt es in Kerbelgelee, das marinierte Kalbfleisch mit Kräutersalat. Die Kräuterravioli oder die Poulardenbrust sind von einer Kräuterkruste umhüllt. Selbst bei den Nachspeisen kann sich der Küchenchef von den duftenden Gewächsen nicht trennen: Das Mascarpone-Mousse liegt auf einer Basilikumsoße, und das Beerenallerlei findet man in der Minzsuppe wieder.

Der Weg

Der Weg: Autobahn A 8 München – Salzburg, Ausfahrt Frasdorf (von München bis Frasdorf sind es 70 km und von da aus weitere 70 km bis Salzburg).

Sehenswürdigkeiten

Im Ort: das Wittelsbacher Schloß Wildenwart (in dem König Ludwig II. seine letzten Jahre verbrachte) und das Höhlenmuseum. Wenige Kilometer entfernt das alte Herrschaftsschloß Hohenaschau (mit Museum), sowie Herren- und Frauenchiemsee mit Königsschloß bzw. Kloster. Nach Amerang mit seinen drei Museen (z. B. zur Automobilgeschichte) oder in das Innmuseum in Rosenheim.

Reizvolle Wege

Ab Obersoilbach (in 4 km entfernt) eine 3stündige Wanderung rund um den Schwarzenberg. Nördlich von Frasdorf: rund um die Moränenhügel (2$\frac{1}{2}$ Stunden, oder bis Niesberg-St. Florian fahren und da starten: 1$\frac{1}{2}$ Stunden). Wanderung bis Schloß Wildenwart. Gleich bei Frasdorf grenzt das Samerberger Wandergebiet an. Nach Schleching: Wanderungen im Naturschutzgebiet Blumenberg/Geigelstein.

Das Wichtigste in Kürze

Im Naturpark Nassau, im dichten Westerwald, liegt dieser Landgasthof direkt am malerischen Eisbach. So sind ideale Voraussetzungen für Wanderfreunde gegeben. Für Gestreßte, die nur mal ein Wochenende zum Erholen mitbringen, ist der Hotel-Gasthof von Frankfurt, Köln und Koblenz schnell zu erreichen. Kulturinteressierte kommen hier auf ihre Kosten: viele geschichtsträchtige Orte mit Schlössern und den ortstypischen pittoresken Fachwerkhäusern.

Preise:	Alle Speisen und Getränke günstig bis mittel
Öffnungszeiten:	Montag bis Samstag 17.00 bis 22.00 Uhr (warme Küche), Sonn- und Feiertage ab 11.00 Uhr
Anschrift:	Hotel-Restaurant Freimühle, 56412 Girod bei Montabaur, Telefon: 06485/302, Fax: 06485/4759
Spezialitäten:	Westerwälder Forelle mit Wildkräutern, gebackene Brennesselblätter mit Kartoffelmus
Sitzplätze:	90, 80 im Blauen Salon (für Familienfeste/Tagungen)
Unterkunft:	14 Doppel- und 4 Einzelzimmer
Unterkunftspreise:	Günstig bis mittel

Die Freimühle wurde 1848 als Neumühle, mit einem Wasserrad von sieben Metern Durchmesser errichtet. Damals erzeugte sie zwei Tonnen Mehl pro Tag. Zur Erinnerung an das Jahr der bürgerlichen Revolution 1848 wurde sie in Freimühle umbenannt. Die ehemalige Lagerhalle ist heute der Blaue Salon, den man durch ein altes Barockportal erreicht. Den Gastraum schmücken die Eichendeckenbalken aus alten Zeiten. Von hier aus blickt man direkt auf auf das Tal des Eisbachs und die grünen Wiesen.

Die vielseitige und reiche Natur ist auch Grundlage für die traditionelle »Wäller Küche«, die immer mehr Anhänger findet. Der Küchenchef muß gar nicht lang irgendwelche Märkte besuchen, um seine Zutaten zu finden, denn die Wildkräuter, die er benötigt, um seine Westerwälder Forelle zu füllen, wachsen direkt am Fuße seines Gasthauses, zum Beispiel Sauerampfer, Spitzwegerich, Huflattich, Wiesenknöterich. Die malerische Gegend bringt natürlich nicht nur für die Küche Vorteile. Naturliebhaber können hier endlose Wanderungen durch Täler und Wälder machen oder auch den Spuren der Kelten folgen.

In den Sommermonaten wartet nach den Ausflügen ein hauseigenes Freibad. In dieser Zeit sollte man auch unbedingt im schönen, gepflasterten Innenhof speisen. Scheune, Gäste- und Haupthaus gruppieren sich schützend um ihn herum. Viele Blumenkübel und eine Wasserrinne, die mitten über den Hof führt, sorgen für eine romantische Atmosphäre.

Der Weg Von Süden über die A 3 Frankfurt – Köln, Abfahrt Diez-Wallmerod, Richtung Koblenz, hinter Neutershausen nach 4 km links. Von Norden über die A 3, Abfahrt Montabaur, Richtung Limburg, durch Großholbach, nach 500 Meter rechts.

Sehenswürdigkeiten Mit dem Auto knapp 6 km bis zur 1000 Jahre alten Stadt Montabaur mit dem eindrucksvollen Schloß und den herrlichen Fachwerkhäusern wohlhabender Kaufleute aus dem 17./18. Jahrhundert. Limburg an der Lahn ist knapp 20 km entfernt. Der spätromantische Limburger St.-Georgs-Dom mit seinen sieben Türmen und den sehenswerten romanischen Fresken gilt als einzigartiger Kunstschatz.

Reizvolle Wege Das umfassende Wegenetz des nördlichen Naturparks Nassau kann man direkt von der Mühle aus erkunden. Wer beim Wandern etwas lernen will: Westlich von Montabaur (ca. 20 km) führen vier verschiedene Wege (von 3,5 bis 8 km) zum Keramikmuseum Westerwald in Höhr-Grenzhausen mi seinen handwerklichen Betrieben.

Das Wichtigste in Kürze

Hier wird nur mit ökologisch einwandfreien Rohstoffen gekocht. Der Gasthof gehört zu den Herrmannsdorfer Landwerkstätten, ein Mustergutshof, bekannt für seine vorbildliche Tierhaltung. Eine halbe Autostunde von München entfernt.

Preise:	Speisen mittel bis gehoben, Getränke mittel
Öffnungszeiten:	Mittwoch bis Sonntag 12.00 bis 14.00 Uhr, 18.00 bis 1.00 Uhr (warme Küche bis 22.00 Uhr), Sonntag nachmittag für Kaffee und Kuchen geöffnet. Montag und Dienstag Ruhetage.
Anschrift:	Wirtshaus zum Herrmannsdorfer Schweinsbräu, Herrmannsdorf 7, 85625 Glonn, Telefon: 08093/909445, Fax: 08093/90944510
Spezialitäten:	Geschmorte Ochsenbackerl mit Schweinefüßen und Kalbsschwanz
Sitzplätze:	120 (bei Veranstaltungen bis 200), Biergarten 150

Die Verwandlung eines Wurstfabrikanten zum Biobauern: Seit fünf Jahren betreibt Karl Ludwig Schweisfurth seine Herrmannsdorfer Landwerkstätten, wozu ein schmucker Gutshof mit seinen Stallungen und ein Wirtshaus gehören.
Sie sollen als Versuch einer neuen Agrarkultur verstanden werden: Die Viehhaltung respektiert die Bedürfnisse und die Würde der Tiere. Pflanzen und das Fleisch der Tiere werden handwerklich zu Lebensmitteln von höchster ökologischer Qualität verarbeitet, Abfälle vor Ort in Energie und Dünger umgewandelt. Hier beindruckt einfach alles: die offene Küche mitten in der Gaststube, ein architektonisches Meisterwerk mit spitz zulaufender Holzdecke und riesigen Stützbalken. Die Einrichtung ist eher schlicht. Ein paar Pflanzen und Bilder sind die einzige Dekoration. Der Küchenchef, der sich am Wochenende mit einem Münchener Sternekoch abwechselt, zelebriert eine gehobene, kreative bayerische Küche. Seine Spezialitäten sind beispielsweise die geschmorten Ochsenbackerl, Zicklein mit Pesto-Nudeln, Walchenseesaibling oder Schweinebraten mit Kruste. Anschließend oder Sonntag nachmittag als Brotzeit muß man die selbstgemachten Käse probieren. Daß das Bier, ein selbstgebrautes Schweinsbräu, gleich nebenan aus dem großen Kupferkessel stammt, ist in diesem Musterbetrieb ganz natürlich. Ebenso werden die Schnäpse, der Honigwein und die Liköre in eigener Regie hergestellt.

Der Weg   Von München aus auf den Autobahnring Ost, die A 99, Ausfahrt Hohenbrunn/Putzbrunn; nach Glonn, weiter Richtung Aßling, nach 2 km links nach Herrmannsdorf.

Sehenswürdigkeiten   Der Kunstpfad »Kunst geht in die Natur«, rund um Herrmannsdorf (ein Projekt der Landwerkstätten). Wallfahrtskirche Maria, Altenburg; das Heimatmuseum und die Rokokokirche (1767–1823) in Glonn (2 km), Schloß Zinneberg, am Wochenende der Naturlehrpfad im Seepark von Zinneberg, Kapelle Frauenbründl (per Wanderung).

Reizvolle Wege   8 Wanderwege rund um Glonn, bestehend aus langen einsamen Waldstrecken; sie führen immer wieder über Dörfer. Z. B. knapp 5 km bis zum Steinsee (Moor- und Badesee, einer der wärmsten in Oberbayern) über Glonn, Adling und Doblberg. Oder nach Herrmannsdorf über Wildenholzen, Sonnenhausen, Westerndorf, Zinneberg. Ein Weg führt durchs Kupferbachtal.

31 Der Juliushof, Groß Briesen

Das Wichtigste in Kürze

Der Hof wird auch das Tor zur Natur genannt. Im Quellgebiet der Briese-ner Bäche, umgeben von uralten Eichen und mächtigen Kiefern, trägt er diese Bezeichnung zu Recht. Er bietet sogar einen hauseigenen Natur-heilpfad zur Stärkung der Gesundheit an. Der kleine Hotel-Gasthof ist von Berlin aus schnell zu erreichen.

Preise: Speisen und Getränke günstig bis mittel
Öffnungszeiten: An Werktagen 11.00 bis 22.00 Uhr (warme Küche
                     12.00 bis 14.00 Uhr, 18.00 bis 21.00 Uhr), an
                     Samstagen, Sonn- und Feiertagen durchgehend
                     von 12.00 bis 21.00 Uhr
Anschrift: Juliushof, 14806 Groß Briesen/Klein Briesen (bei
                     Belzig), Telefon: 033846/40245/40056,
                     Fax: 033846/40245
Spezialitäten: Märkische Spezialitäten,
                     Fläming-Forelle und
                     Havel-Zander
Sitzplätze: 85 in drei Räumen
Unterkunft: 12 Doppel- und 2 Einzelzimmer
Unterkunftspreise: Günstig bis mittel, Arrangements im Angebot

31

1980 erbaut, diente dieses Kleinod in der märkischen Heide der DDR-Regierung bis 1989 als Jagd- und Gästehaus. Renoviert und ausgebaut, wurde das Anwesen zum heutigen Hotel-Restaurant. Den Gästen wird hier Natur pur geboten: ausgiebige Wanderungen in der abwechslungsreichen Landschaft zwischen Birkenhainen, Heidelandschaften, Wiesentälern und Bachläufen. Wer die Stille sucht, ist in dem romantischen Waldhaus bestens aufgehoben. Die Ausstattung der Zimmer: urig mit viel Holz bei modernem Komfort wie Farbfernsehgerät und Minibar. Alle Räume haben einen Balkon oder eine Terrasse. Die Krönung der Erholung bietet der Heilpfad im Freien. Über Fußreflexzonenmassage findet eine Belebung der Organ- und Körperfunktionen statt. Elf Becken muß man getreten haben. Gefüllt sind sie beispielsweise mit Wasser, Kiesel und Rundhölzern.

Soviel Frischluft macht hungrig. Unbedingt zu probieren sind die preiswerten märkischen Spezialitäten – wie Bollenfleisch, Schmorgurken oder Hoppel-Poppel (ein Pfannenmix aus Bratkartoffeln, Ei und Fleisch) – alles aus alten Rezepten.

Der Weg

Von Berlin aus eine knappe Stunde Autofahrt. A 10 bis Potsdam, weiter über die A 2 in Richtung Hannover, Ausfahrt Wollin, in Richtung Gräben. Nach Wollin etwa 2 km links nach Groß und Klein Briesen.

Sehenswürdigkeiten

Mit dem Auto knapp 20 km bis Schloß und Burg Wiesenburg mit Renaissancepark, Kloster Lehnin im alten gleichnamigen Städtchen, 20 km entfernt. Auch Burg Eisenhardt in Belzig ist zu empfehlen, ungefähr 15 km. Reizvolle Tagesausflüge (1 Stunde Fahrtzeit) sind Schloß Sanssouci oder die Filmstudios in Babelsberg.

Reizvolle Wege

Schöner Wanderweg (etwa eine dreiviertel Stunde) zum Turm der Schönen Aussicht, die letzte Erhebung (180 Meter Höhe) vor der Nordsee. Ab da nur noch flaches Land, bei klarem Wetter mit Blick zum Dom von Brandenburg. Die große Rundwanderung führt durch das Flämische Waldgebiet mit Wechsel von Heide- und Wiesenlandschaft nach Verlorenwasser (6 Häuser mit einer Bauernkneipe). Weiter über Weitzgrund zurück zum Juliushof.

32 Gut Moorbeck, Großenkneten

Das Wichtigste in Kürze

Im Herzen des Naturparks Wildeshauser Geest liegt der traditionsreiche Gasthof mit seinem kleinem Hotel »Zur Wassermühle« – erst seit einem Jahr wieder in neuen Händen. Ein Erlebnis: die Kohlfahrtwanderung, ein Arrangement mit »Grünkohlessen satt«, dazu Korn, anschließende Übernachtung.

Preise: Speisen und Getränke mittel
Öffnungszeiten: 11.00 bis 22.00 Uhr, Donnerstag Ruhetag
Anschrift: Gut Moorbeck, Amelhauserstraße 56-58,
                      26197 Großenkneten, Telefon: 04433/255
                      und 94160
Spezialitäten: Gut Moorbeck-Platte (verschiedene Steaks
                      mit Marktgemüse und Bratkartoffeln)
Sitzplätze: 130 in fünf Räumen, Saal 120,
                      Garten 70
Unterkunft: 14 Zimmer
Unterkunftspreise: Mittel

32

Schon 1734 war das Gutshaus aus dem Jahre 1669 bekannt für seine Gastlichkeit. Die früheren Besitzer waren meistens Jäger. Seit 1997 gibt es eine neue Pächterin, die das Anwesen erst einmal komplett renovierte. Mit vielen Ideen bei den Speisen und Sonderarrangements versucht sie, ihre Gäste zu verwöhnen. Das Motto lautet: »Gut essen, gut schlafen, Gut Moorbeck«. Gleich nebenan, ein paar Schritte weiter auf dem Gelände, steht das Hotel.

In allen Räumen ist es gemütlich, aber in der originalgetreu erhaltenen Kaminstube zu sitzen, dem Herzstück des Moorguts, ist einmalig. Die Auswahl auf der Speisekarte wird schwierig: Moorbeckplatte für zwei, Kassler mit dicken Bohnen oder Lammpfanne? Der Saal wird zum Beispiel beim großen Kohlessen, das man sich erst erwandern muß, geöffnet. Um so mehr freut man sich auf die zu erwartende Belohnung: Grünkohl mit Pinkel und Korn dazu. Selbstverständlich gibt es diese Speise wie auch den Gänsebraten zur Winterszeit. Für den Rest des Jahres läßt man sich eben etwas anderes einfallen. Geplant ist, eine eigene Fischzucht anzulegen und ein Fischwochende mit Übernachtung anzubieten. Über das ganze Jahr verteilt, soll es immer mal wieder ein Antistreß-Wochenende geben. Die Speisen kann man an lauen Sommertagen im Garten mit alten Kastanien und Blick auf den Mühlenteich einnehmen.

Im Haus vorhanden: Fahrrad- und Bootsverleih.

Der Weg

Autobahn Osnabrück – Bremen A1, Ausfahrt Wildeshausen-Nord, Richtung Wildeshausen. 1. Ampelkreuzung geradeaus, 2. Kreuzung rechts nach Großenkneten/Huntlosen. Oder Autobahn A 29 Ausfahrt Großenkneten, durch den Ort Richtung Gut Moorbeck.

Sehenswürdigkeiten

Steingräber aus der Jungsteinzeit (3500 bis 1800 v. Chr.) im Naturkundemuseum Oldenburg; die Buchenallee (das Alter der Buchen wird auf 140 Jahre geschätzt). Hespenbuscher Gräberfeld (52 Hügel), die Marienkirche in Großenkneten aus dem 13. Jahrhundert. Visbeker Bräutigam und Brautwagen (eines der eindrucksvollsten Hünengräber, 104 Meter lang und fast 9 Meter breit).

Reizvolle Wege

Viele Radwanderwege im Landkreis Oldenburg: Über 26 km führt ein Weg von Bahnhof Großenkneten über die Buchenallee, nach Steinloge, Visbeker Braut, auf Schotter- und Sandwegen an Fischteichen vorbei nach Engelmannsbäke (Gaststätte). Weiter zum Heidenopfertisch (Steingrab). Über Ahlhorn, Hagel nach Großenkneten zurück.

33 Alte Vogtei, Hamm

Das Wichtigste in Kürze

Das Romantik-Hotel steht mitten im Ort der Kirche gegenüber. Die Zimmer im alten Fachwerkhaus sind bei modernem Komfort individuell mit antiken Möbeln ausgestattet. Im Angebot sind preiswerte Wochenendarrangements. Die Küche bietet auch dem verwöhnten Gaumen viel.

Preise:	Speisen und Getränke mittel bis gehoben
Öffnungszeiten:	12.00 bis 14.00 Uhr, 18.00 bis 21.00 Uhr. Ruhetage: Mittwoch ganz und Donnerstag bis 17.00 Uhr
Anschrift:	Romantik-Hotel Alte Vogtei, Lindenallee 3, 57577 Hamm-Sieg, Telefon: 02682/259, Fax: 02682/8956
Spezialitäten:	Heimische Fische wie Saibling in der Folie, Wild von heimischer Jagd
Sitzplätze:	48 in drei Räumen, Terrasse 20
Unterkunft:	15 Zimmer
Unterkunftspreise:	Mittel; Wochend- oder Kurzurlaubsangebote mit 3- oder 5-Gänge-Menü günstig bis mittel

33

Am Rande des Westerwaldes liegt dieses in seinem ursprünglichen Stil erhaltene Fachwerkhaus. Seit fünf Generationen ist das Gasthaus im Familienbesitz. Neben dem Eingang entdeckt man ein Relief mit dem Namen von Friedrich Wilhelm Raiffeisen, dem Bürgermeistersohn. Nach dem 30jährigen Krieg mußte der Vogt von Hamm das Haus wieder aufbauen lassen, da es durch Plünderungen und Brand fast zerstört war. Später diente die Vogtei den Raiffeisens als Bürgermeistersitz.

Von dickem Eichengebälk durchzogen, wirken alle Räume einladend und gemütlich. Den letzten romantischen Schliff geben die alten Öfen, Truhen, Schränke und Uhren. Dem Küchenchef gelingt es nicht, seine qualifizierte Ausbildung – unter anderem in Frankreich – zu verheimlichen: Die leichten regionalen Speisen verraten den Einfluß der feinen Küchen aus den Nachbarländern. Marmeladen werden selber gemacht. Der Garten bietet reichlich Auswahl an Obst und Früchten.

Für jeden Geldbeutel gibt es hier ein Arrangement: Von einem Wochenendtrip mit Romantik-Frühstück und Drei-Gänge-Menü über ein Zwei-Tage-Schlemmen mit fünf verschiedenen Speisenfolgen bis hin zum Kurzurlaub mit bis zu sieben Tagen.

Der Weg Autobahn Frankfurt – Dortmund A 45, Ausfahrt Herborn-West, die B 414/255 bis Altenkirchen, rechts auf die B 256, ungefähr noch 12 km bis Hamm.

Sehenswürdigkeiten Kloster Marienstatt im Nistertal, mit dem Auto 10 bis 15 Minuten. Westerwälder Seenplatte (alte Fischweiher), zum Teil Naturschutzgebiet, 20 km vom Hotel aus. Hachenburg und Freudenberg, zwei idyllische Fachwerkstädtchen, liegen 20 und 35 km entfernt.

Reizvolle Wege Gute Wanderkarten gibt es im Haus. In 5 Minuten ist man aus dem Dorf heraus und kann querfeldein spazierengehen oder den festen Weg ins Nistertal nehmen. Eine hügelige Landschaft, die sich mit Feld, Wiese, Wald und Flüßchen abwechselt. In die andere Richtung führt ein Weg durch das ebenso schöne Seelbachtal. Länge der Wanderwege: 3 bis 7 km.

34 Holsteiner Stuben, Högersdorf

Das Wichtigste in Kürze

Das reetgedeckte Haus befindet sich im Herzen Schleswig-Holsteins. Seen, Wiesen und Wälder umringen den Landgasthof. Gleich in der Nähe: der Große Segeberger See (Wassersportmöglichkeiten). Gästezimmer vorhanden.

Preise:	Speisen und Getränke günstig bis mittel
Öffnungszeiten:	Täglich von 11.30 Uhr bis 14.00 Uhr, 17.30 bis 23.00 Uhr Mittwoch Ruhetag. Im Januar sind Betriebsferien.
Anschrift:	Holsteiner Stuben, Dorfstraße 19, 23795 Högersdorf (Bad Segeberg), Telefon: 04551/4041, Fax: 04551/1576
Spezialitäten:	Karpfen, Matjes, Holsteiner Spargel
Sitzplätze:	107 in drei Räumen
Unterkunft:	3 Doppel-, 1 Einzelzimmer
Unterkunftspreise:	Günstig

34

Das reetgedeckte Landhaus wurde um 1900 als Altenteil der benachbarten Bauernstelle Greve erbaut. Es steht in dem einzigen Runddorf dieser Region, ein Sackgassendorf, abgegrenzt durch den Fluß Trave. Natur pur direkt vor der Tür: die flache, reizvolle holsteinische Landschaft mit den weiten Wiesen, den Seen und den Wäldern. Sie laden zu langen Fahrradtouren ein, durch die Stille, die höchstens vom Blöken der Schafe unterbrochen wird. Der Landhof mit seinen kleinen bis mittelgroßen behaglichen Räumen paßt hierher. Die Stuben mit ihren niedrigen Holzdecken und den weißen Sprossenfenstern strahlen etwas Anheimelndes aus. Man fühlt sich wohl. Dafür sorgt auch die Speisekarte. Hier einige Kostproben: gebratenes Lengfischfilet, Lasagne vom Fjord-Lachs, Sauerfleisch mit Bratkartoffeln und – zur Winterszeit – Grünkohl mit süßen Kartoffeln. Aber selbst wenn alle Gerichte noch so verlockend klingen mögen, für die Rote Grütze muß noch ein Plätzchen frei sein im Magen.

In den Sommermonaten gehört eine großzügige Terrasse zum Restaurantbetrieb – mit Bedienung bis spät in die Nacht. Auf der Liegewiese direkt am Haus kann man herrlich entspannen.

Der Weg

Von Hamburg aus auf der Autobahn A 7 in Richtung Norden, noch in Hamburg über die Ausfahrt Bad Segeberg auf die B 432 in Richtung Bad Segeberg, Abfahrt Högersdorf. Von Lübeck aus auf der B 206 Richtung Bad Segeberg. Links abbiegen auf die B 432 in Richtung Hamburg. Ausfahrt Högersdorf.

Sehenswürdigkeiten

Nach Bad Segeberg, Luftkurort und Heilbad mit Sole. Im Ort steht der Kalkbergfelsen, auf dem die jährlichen Karl-May-Festspiele (1998: 27.6. bis 6.9.) ausgetragen werden. Der große Segeberger See lädt ein zum Schwimmen, Tretboot fahren, Segeln und Angeln. Sowohl die Strände der Nord- als auch der Ostsee sind von hier aus gut und schnell zu erreichen.

Reizvolle Wege

Der Wanderweg nach Bad Segeberg (knappe 4 km) gilt als besonders idyllisch und wird gerne auch mit dem Rad zurückgelegt. Das Travetal eignet sich ebenfalls ideal dazu, die Landschaft zu Fuß zu erkunden. Wanderungen um den Großen Segeberger See herum.

35 Gutsschenke, Holle-Astenbeck (bei Hildesheim)

Das Wichtigste in Kürze

In den alten Gemäuern wartet man hier mit Spezialitäten auf, die vorher noch als lebende Tiere auf dem Hof herumliefen. Gänse, Hühner, Heidschnucken und Schweine tummeln sich auf dem Gelände. Einfach von der Autobahn Kassel/Hannover einfach zu erreichen.

Preise:	Speisen und Getränke mittel
Öffnungszeiten:	Montag 11.30 bis 14.30 Uhr, 17.00 bis 23.00 Uhr, Mittwoch 17.00 bis 23.00 Uhr, Donnerstag bis Sonntag 11.30 bis 14.00 Uhr, 17.00 bis 23.00 Uhr, Montag Ruhetag
Anschrift:	Gutsschenke des Fürsten zu Münster, 31188 Holle-Astenbeck, Telefon: 05062/1866 und 2418, Fax: 05062/89089
Spezialitäten:	Himmel und Erde mit Rotwurst, Birnenstücken, Kartoffeln und gegrilltem Bauchspeck, gefüllter Ochsenschwanz
Sitzplätze:	80 in drei Räumen
Unterkunft:	Zimmer
Unterkunftspreise:	Mittel, Wochenendpauschalen

W er das Landleben mag und hier einmal war, möchte nicht mehr weg. Geweckt wird man vom Krähen des Hahnes oder vom Wiehern des Pferdes. Darunter mischt sich noch das Blöken der Schafe. Alle Tiere laufen hier kunterbunt durcheinander. Für Familien mit Kindern eine wahre Freude.

1213 gründeten die Augustiner-Mönche hier eine Ausspannstation und bauten sie 1580 zu einer Klosterschenke um. Gute 200 Jahre später übernahm der Graf zu Münster das historische Haus und benannte es »Schloß-Schenke«. Schließlich gehörte das Anwesen zum Schloß Derneburg. Dieses Namensschild hängt noch immer über der Tür, obwohl die jetzigen Wirtsleute 1976 die »Gutsschenke« daraus machten. Mit viel Arbeit und Mühe haben sie alles wieder in den alten Zustand versetzt. Dicke schwarze Balken, die sie teilweise erst wieder freilegen mußten, durchziehen die Räume. In der rustikalen Stube sitzt man an blanken schweren Eichen-Klostertischen. Hier wird noch zusätzlich Deftiges serviert, wie Schweinesülze oder Landbrote mit Hausschlachterwurst. Wer lieber an einem fein aufgedeckten Tisch speisen möchte, nimmt den Raum nebenan, denn der ist nicht minder gemütlich. Die Küchenchefin bringt für jeden Geschmack etwas auf den Tisch: den Gutsherrenspieß, das gefüllte Kaninchen, Filet vom Bullen mit Hummer, Heidschnuckenroulade oder Netteaal. Es gibt auch alles auf dem Probierteller. Manche Abende stehen unter einem bestimmten Motto – wie das Brueghelsche Schlachtfest. Auch die Vegetarier können teilnehmen, denn es wird viel Fisch und Gemüse geboten.

Der Weg Autobahn Kassel – Hannover A 7, Ausfahrt Derneburg/Salzgitter, die B 6 Richtung Hildesheim, nach Astenbeck links bis Holle.

Sehenswürdigkeiten Schloß Derneburg (Maler Baselitz wohnt hier) in 2 km Entfernung, gegenüber das Glashaus (kulturelle Veranstaltungen), nicht weit das Thermalbad; nach Hildesheim nur wenige Kilometer: der wieder aufgebaute Dom (1054–79), romanische und gotische Kirchen (Sankt Godehard, Andreaskirche), Römer- und Pelizaeusmuseum. Nach Goslar in den Harz etwa 40 km: Kaiserpfalz mit Ulrichskapelle (11./12. Jh), das spätgotische Rathaus (um 1450).

Reizvolle Wege Der Lavespfad führt am Karpfenteich vorbei bis zum Schloß. Ungefähr 5 km ins nächste Dörfchen Silium zu den Fischteichen. Nur wenige Kilometer bis zum Hildesheimer Wald. Die Nähe zum Harz ausnutzen und dort wandern.

36 Herbstprinz, Jork

Das Wichtigste in Kürze

In dem prächtigen alten denkmalgeschützten Bauernhaus im Alten Land, nicht weit von Hamburg, sind fast für jede Gesellschaft Räumlichkeiten vorhanden, alle antik möbliert. Gebietstypische Spezialitäten werden offeriert.

Preise:	Speisen und Getränke gehoben, Menüs mittel bis gehoben
Öffnungszeiten:	Dienstag bis Freitag 11.30 bis 15.00 Uhr, 17.30 bis 23.30 Uhr, Samstag 11.30 bis 23.30 Uhr, Sonn- und Feiertage 11.30 bis 22.00 Uhr, Montag Ruhetag
Anschrift:	Herbstprinz, Osterjork 76, 21635 Jork, Telefon: 04162/7403, Fax: 04162/5729
Spezialitäten:	Altländer Hochzeitssuppe, Apfelmenü
Sitzplätze:	100, Garten und Terrasse 80

36

Der Name Herbstprinz ist einer guten alten Apfelsorte entliehen. 1980 wurde dieses 300 Jahre alte Bauernhaus zum Restaurant umgebaut. Die verschiedenen Stuben sind alle liebevoll, urig und mit antiken Möbeln eingerichtet. Unter den tiefhängenden Decken, so zum Beispiel in der blauen guten Stube mit den kleinen Tischchen im holländisch-altländischem Stil, fühlt man sich in Omas Zeiten zurückversetzt. Dazu paßt die Altländer Hochzeitssuppe, die Spezialität im Haus. Ein in dieser Region bekannter alter Brauch ist die Gaben- und Suppenhochzeit. Als Hauptmahl wurde abends die Hochzeitssuppe serviert. Die Graupen und Rosinen sollten dem Paar als Glücksbringer dienen. Dazu gab es eine Flasche Kümmel pro Paar (oder auch mehr). Die Bestecke brachte man selber mit. Ein besonderes Menü, das ganze Jahr über erhältlich, ist das siebengängige Apfelmenü, das von der Apfelsuppe bis zum Ofenschlupfer mit Marzipanapfel reicht. Wer dann bei den Getränken auch noch auf Apfel besteht, hat die Qual der Wahl: von Apfelpunsch, Apfelbowle, Apfelbrandy und Apfeltee ist alles zu haben.

Wunderschön sitzt und speist man auch auf der Terrasse und im Garten, die beide zwischen Restaurant und alter Kate liegen. Wer mit seinen Freunden mal allein feiern möchte, kann die ganze Kate mieten. Diese kleine ehemalige Obstscheune, ein reetgedecktes Fachwerkhäuschen, gehört zum Grundstück und steht gleich nebenan.

Der Weg

Durch Hamburg auf der A 7, Ausfahrt Waltershof, durch Finkenwerder, Cranz nach Borstel. Dort abbiegen nach Jork.

Sehenswürdigkeiten

Die alten Fischerhäuschen in Finkenwerder hinter dem Elbdeich, wo der Heimatdichter Gorch Fock lebte (etwa 20 Minuten Autofahrt). Und empfehlenswert ist, die acht Kilometer lange Elbchaussee auf der anderen Seite des Stroms entlangzufahren (»die schönste Straße der Welt« hat der Dichter Detlev von Liliencron über sie gesagt). Hinüber geht es mit der Fähre oder über die gewaltige Köhlbrandbrücke. Dort in Flottbek das Ernst-Barlach-Haus besuchen oder in Wedel das Buddelschiffmuseum.

Reizvolle Wege

Kleine Wanderwege führen durch die Obstplantagen. Fünf Minuten ist es mit dem Auto zum Deich, wo Jork von den Flüssen Este und Lühe eingerahmt wird: Spaziergang auf dem Deich. Man kann auch an der Elbe, teilweise sogar am Strand oder auf dem Deich wandern.

37 Landhaus Arnoth, Kleinich

Das Wichtigste in Kürze

In einem kleinen Hunsrückdorf liegt dieses alte Herrenhaus mit seiner gehobenen guten Küche. Die verschiedenen Gasträume strahlen eine private, wohnliche Atmosphäre aus. Extra Zimmer sind auch für Tagungen vorhanden. Für den Urlauber sorgt an Regentagen eine hauseigene Bibliothek für Abwechslung. Für Sportliche sind Tennis- und Golfplätze gleich in der Nähe.

Preise:	Speisen und Getränke mittel
Öffnungszeiten:	Wochentags ab 17.00 Uhr, sonn- und feiertags ab 11.00 – bis der letzte Gast geht, Sonntag abend und Montag geschlossen
Anschrift:	Arnoth, Auf dem Pütz, 54483 Kleinich, Telefon: 06536/286, Fax: 06536/1217
Spezialitäten:	Lammterrine, Überraschungsmenü
Sitzplätze:	45
Unterkunft:	6 Zimmer im Haupthaus, 18 in Gästehäusern
Unterkunftspreise:	Mittel, Halb- und Vollpension sind möglich

37

Fast ein wenig verwunschen wirkt der mit Efeu und Traubenkirsche umrankte blau-graue Schieferbau. Eine lange Tradition liegt bereits hinter ihm. Schon 1914 warb der Gasthof mit seiner »anerkannt guten Küche« und mit »Weinen eigenen Wachstums«. Bis zum 2. Weltkrieg wurde er so geführt, dann diente er als Betriebserholungsstätte der Essener Krupp-Werke und als Müttergenesungswerk und zuletzt als Wohnhaus. 1979 haben die Nachfahren der alten Gastwirtsfamilie das Haus wieder übernommen, auf neuzeitlichem Standard renoviert und als Restaurant und Hotelbetrieb eröffnet. Später folgte die Umgestaltung des dazugehörenden Fachwerkhauses als zusätzliches Gästehaus. Man kann sich hier rundum wohlfühlen. Fernsehen kann man in dem hübschen Puppenstübchen, man schwitzt in der geräumigen Sauna oder entspannt sich auf der großen Liegewiese mit den Obstbäumen. Hauseigene Fahrräder stehen zur Verfügung, mit denen man über hügelige Felder, Wiesen und riesige Bauerngärten gondeln kann. Tennis und Reiten gleich um die Ecke. Die ganz Mutigen können sich im Drachenfliegen erproben.

Die Gastwirtin ist auch die Chefköchin. Mit viel Liebe und der Berücksichtigung von Vegetariern stellt sie ihre vollwertigen und traditionellen Gerichte zusammen. Das Weinangebot ist nicht ohne: Zahlreiche Moselweine, eine Auswahl aus den Nachbarländern und Weine aus Übersee erschweren die Wahl. Für besondere Anläße hält die Chefin ein Überraschungsmenü bereit.

Der Weg Entweder die Hunsrück-Höhenstraße, von Koblenz aus die B 327, Abfahrt Kleinich, 3 km bis zum Ort; oder von der Autobahn Köln – Ludwigshafen/Mannheim A 61, Ausfahrt Rheinböllen, auf die B 50, später B 327, links bis Abfahrt Kleinich.

Sehenswürdigkeiten Die Edelsteinstadt Idar-Oberstein; Bernkastel-Kues (12 km), ein mittelalterliches Städtchen an der Mosel; Kaffeetrinken in der »Concorde« des Luftfahrtmuseums in Hermeskeil, Weinprobe an der Mosel mit Besuchen bei all den Burgen (Wildenburg mit Tierpark, Grevenburg) und Schlössern, Märchenparks, keltischen und römischen Ausgrabungsstätten und Besucherbergwerken.

Reizvolle Wege Bis Grevenburg kann man auch zu Fuß gehen. Besonders schön ist der vierstündige Weg durchs Mühlental. Die Landschaft wechselt zwischen Waldstücken und Feldern. Man kommt an mehreren Mühlen vorbei, die teilweise noch in Betrieb sind (zwei Mühlen mit Gastronomie), Rundwanderung durchs Kirchspiel Kleinich.

38 Gut Kleve, Kleve bei Itzehoe

Das Wichtigste in Kürze

Eins der schönsten Jugendstilhäuser in Holstein: Keine Autostunde von Hamburg entfernt liegt das backsteinrote Gut Kleve. Die große Parkanlage des Gutshauses läßt selbst eingefleischte Stadtmenschen zur Ruhe kommen. Regionale Frischeküche mit vielen Auszeichnungen.

Preise:	Speisen und Getränke mittel bis gehoben
Öffnungszeiten:	Mittwoch bis Sonntag 18.00 bis 22.00 Uhr, Samstag und Sonntag 12.00 bis 14.00 Uhr, Café Samstag und Sonntag 14.00 bis 18.00 Uhr
Anschrift:	Hotel-Restaurant Gut Kleve, Hauptstraße 34, 25554 Kleve bei Itzehoe, Telefon: 04823/8685, Fax: 04823/6848
Spezialitäten:	Klever Enten (eigene Aufzucht), Karpfen, Wild
Sitzplätze:	60 in drei Räumen
Unterkunft:	4 Einzel- und 6 Doppelzimmer
Unterkunftspreise:	Günstig bis mittel, Wochenangebote

38

Bis Ende letzten Jahrhunderts befanden sich auf dem Gelände eine Ziegelei und eine Schäferei. Aus den hier gebrannten Ziegeln wurde zum Beispiel der Meldorfer Dom erbaut. Nach einem Brand erbaute der Hamburger Architekt von Rosen 1902 das Jugenstilherrenhaus, welches dem Haarwasserfabrikanten Dralle als Landsitz diente. Seit 1927 ist es im Besitz der Familie Groth. Bis 1986 wurde es als landwirtschaftlicher Betrieb mit eigenen Rindern und einer Schweinezucht geführt. Heute hat sich Gut Kleve nicht nur als idealer Fluchtpunkt für Stadtneurotiker, sondern auch als atmosphärisch besonderer Landgasthof für Hochzeiten und andere Familienfeste bewährt. Und im Sommer kann man sich auf der Terrasse ganz wie der Gutsherr persönlich fühlen. Langweilig wird es hier sicher nicht. Das Haus hat einen eigenen Kanu- und Fahrradverleih, man kann sich im Bogenschießen erproben. Und Pferde stehen auch zur Verfügung. Oder man genießt einfach nur eine Kutschfahrt durch die Lande. Daß zu diesem Rahmen eine ausgezeichnete Küche gehört, versteht sich von selbst. Der Küchenmeister verwendet hauptsächlich Produkte aus der Region wie Wild aus der eigenen Jagd, Enten und Karpfen aus eigener Aufzucht. Mit sehr viel Raffinesse zaubert er die köstlichsten Speisen, zum Beispiel das Saltimbocca von der Milchlammkeule oder das Kartoffelcarpaccio mit geräuchertem Seeteufel.

Wer im größeren Rahmen tafeln und feiern möchte, dem steht ein »Barbecue Gut Kleve« oder ein »rustikales Bratkartoffelbüffet« zur Wahl. Für den kleinen Hunger zwischendurch bieten sich die Speisen in der Schenke an: Kuchen aus dem eigenen Backhaus oder Lamm und Spanferkel direkt vom Grill.

Der Weg

Autobahn A 23 Hamburg – Heide bis Itzehoe-Sude. Erste Abfahrt nach der Störbrücke. Auf der B 5 in Richtung Brunsbüttel. Nach etwa 6 km auf die B 431 in Richtung Meldorf-Hochdonn, nach 5 km Kleve. Gut Kleve liegt am Ortsausgang auf der rechten Seite. Wenn man mit der Bahn bis Itzehoe fährt, wird man abgeholt.

Sehenswürdigkeiten

Ausflüge an die nahe gelegene Nordsee, den Nord-Ostsee-Kanal, an die Flüsse Elbe und Stör. Das 300 Hektar große Naturschutzgebiet »Herrenmoor« liegt vor der Tür. Zu den Hamburger Sehenswürdigkeiten.

Reizvolle Wege

Der 50 000 Quadratmeter große, mit Teichen durchzogene Park des Gutes Kleve fasziniert mit seinem uralten Baumbestand. Wald-, Watt- und Moorwanderungen sind hier sehr beliebt.

39 Alte Mühle, Kobern-Gondorf

Das Wichtigste in Kürze

Mittelalterliche Romantik strahlt den Besuchern der alten Mühle mit ihren verschiedenen Gebäuden entgegen. Man tafelt in Höfen und Gewölbekellern und trinkt den Wein aus eigenem Anbau. Für Übernachtungen wird erst im Laufe des Jahres 1998 gesorgt. Besonders schöne Wege führen an Burgruinen vorbei mit Aussicht auf das Moseltal.

Preise:	Speisen mittel, eigener Wein günstig bis mittel, Säfte und Wasser gehoben
Öffnungszeiten:	Montag bis Freitag 17.00 bis 22.00 Uhr, Samstag, Sonn- und Feiertage 12.00 bis 24.00 Uhr, Betriebsferien: drei Tage vor Weihnachten und Februar
Anschrift:	Alte Mühle, Mühlental 17, 56330 Kobern-Gondorf, Telefon: 02607/6474, Fax: 02607/6848
Spezialitäten:	Sechs hausgemachte Käsesorten, Entensülze, Topfenknödel mit Beerenragout
Sitzplätze:	180 in elf Räumen, Innenhof und Garten 150

39

Inmitten des naturgeschützten Mühlentals liegt diese ehemalige Burgmühle. Sie gehört zu einem der ältesten Anwesen im Tal. Inzwischen hat man eine Erwähnung aus dem Jahre 998 gefunden. Damals war nur den Adligen die Gründung von Mühlen erlaubt. Diese hatten die Burgbewohner mit Mehl und anderen Produkten aus der Landwirtschaft zu versorgen. Im Jahre 1260 wurde die Mühle an die Abtei Romersdorf verschenkt. So bestimmte es die Schwester des Kölner-Dom-Erbauers (Erzbischof Konrad von Hochstaden). Für ihr Seelenheil sollte man einen Gedächnistag einrichten.

Zwölf Gebäude, in verschiedenen Epochen entstanden, gruppieren sich um den historischen Innenhof. Der heutige Wirt, der aus einer Weinhändlerfamilie stammt und auch Weinbau studiert hat, kaufte 1978 die Ruine. Vier Jahre lang wurde gebaut und restauriert. Die vorwiegend trockenen Weine aus den Rebsorten Riesling, Pinot gris, Pinot noir und Chardonnay stammen aus dem eigenen Anbau und werden relativ günstig angeboten. Unbedingt sollte man dazu von der Spezialität der Weingutschänke kosten, dem sogenannten »Versuchungsbrett«: Es bietet sechs hausgemachte Käsesorten, wie den Mühlen- oder Rieslingkäse. Als weitere Spezialität gelten die selbstgemachten Terrinen und Pasteten, beispielsweise die Entensülze.

Egal, ob man in den Gewölben tafelt, in der Stube bei den alten Wein- und Obstpressen, in dem romantischen Innenhof oder im Mühlengarten unter Oleanderbüschen, es ist stets ein ganz besonderes Erlebnis.

Der Weg

Autobahn Koblenz – Trier A 48, Abfahrt Ochtendung, etwa 5 km später erreicht man Kobern-Gondorf, gleich dahinter geht es links ins Mühlental.

Sehenswürdigkeiten

Die mittelalterliche Burg Eltz, 10 km entfernt. Tal der Mosel in Richtung Trier. Viele kleinere Burgen im Umkreis. Mathias-Kapelle auf dem Berg (mit Auto oder zu Fuß). Nach Trier sind es über die Autobahn 50 Minuten Fahrt.

Reizvolle Wege

Ein schöner Spazierweg (ungefähr 45 Minuten) beginnt an der Mühle und führt durch die Weinberge an den beiden Burgruinen »Oberburg« und »Niederburg« vorbei mit Aussicht ins Moseltal. Er endet wieder an der Mühle.

Der idyllische Moselradweg Koblenz – Bernkastel führt 200 Meter unterhalb der Mühle vorbei.

40 Restaurant Lohmühle, Meddersheim

Das Wichtigste in Kürze

Im herrlichen Weinland Nahe liegt dieses Mühlen-Restaurant. »Köstlichkeiten für jeden Geldbeutel« lautet die Devise der Besitzer. Viel Arbeit steckte hinter der Instandsetzung und dem Ausbau der fast verfallenen Ruine, die weder Strom noch Wasser hatte. Ein Ausflug hierher lohnt sich inzwischen. Nicht nur regionale Küche ist hier geboten, auch Vegetarier werden gut bedient bei einer insgesamt kinderfreundlichen Speisekarte.

Preise:	Speisen und Getränke günstig bis gehoben
Öffnungszeiten:	Mittwoch bis Freitag ab 17.00 Uhr – bis der letzte Gast geht, sonn- und feiertags ab 12.00 Uhr. Montag und Dienstag Ruhetage. Betriebsferien: Januar
Anschrift:	Lohmühle, 55566 Meddersheim, Telefon: 06751/4574, Fax: 06751/6567
Spezialitäten:	Tatar vom Matjesfilet, Carpaccio vom Schwartenmagen
Sitzplätze:	50, Terrasse 40

Zum ersten Mal wurde die Mühle urkundlich im Jahre 1471 erwähnt. Man ersuchte, an der Stelle der abgebrannten »Nasenmühle« eine neue errichten zu dürfen. In den folgenden Jahrhunderten widerfuhr der Mühle das Schicksal Brand und Wiederaufbau noch einige Male. 1980 erwarben die heutigen Besitzer die nicht bewohnbare Ruine. Mit unendlich viel Engagement und Mühe wurden die notwendigen baulichen Maßnahmen getroffen. Das ländliche Restaurant im idyllischem Hottenbachtal wurde schließlich Ende 1995 eröffnet.

Die Inneneinrichtung mit viel Holz und Steinplatten, ohne überflüssige Dekoration, wirkt sympathisch schlicht und daher sehr gemütlich. An den Wänden Bilder von heimischen Künstlern, die in einer wechselnden Ausstellung immer wieder durch neue ersetzt und jeweils mit einer Vernissage gefeiert werden.

Die Gerichte und die Weinauswahl bleiben auch in der Region: Einiges stammt aus dem eigenen Gemüsegarten, das Fleisch von Bauern und Metzgern aus der Nähe. Selbst der Weinessig und die Spirituosen werden vom benachbarten Klostergut Disibodenberg bezogen. Die Wanderer, die es in die Lohmühle verschlägt und einen deftigen Imbiß zu sich nehmen möchten, müssen den Hirtenteller mit Schinken und Salami vom Weidenlamm und den eingelegtem Ziegenkäse probieren.

Der Weg Autobahn Koblenz – Ludwigshafen A 61, Ausfahrt Bad Kreuznach, dann die B 41 die Nahe aufwärts fahren (20 km) bis zur dritten Ausfahrt Bad Sobernheim, Meisenheim. 3 km bis Meddersheim, dann Richtung Meisenheim. Nach weiteren 3 km kommt man zur Lohmühle.

Sehenswürdigkeiten Klosterruine Disibodenberg und Museum (15 Autominuten), ehemalige Wirkungstätte der heilige Hildegard (1098–1179). Rupertsberg in Bingen-Bingerbrück (ehemaliges Kloster von Hildegard); anläßlich des 900. Geburtstages ist 1998 ein großes touristisches Programm rund um die Naturforscherin und Ärztin Hildegard aufgelegt worden. Weinproben in Meddersheim, Mäuseturm und Ruine Ehrenfels, Burg Klopp in Bingen. In Bad Sobernheim gibt es einen Barfuß-Heilpfad, ein Saunarium in griechisch-römischem Ambiente. In der Nähe das Freilichtmuseum.

Reizvolle Wege Rundwanderweg Hottenbach verbindet Bad Sobernheim, das Freilichtmuseum und die Lohmühle (etwa 5 km entfernt). Der Nahe-Radwanderweg verläuft durch Meddersheim (3 km mit Steigung).

Das Wichtigste in Kürze

Hier fehlt es an nichts. Ein historisches Ambiente mitten in der Natur. Eine Terrasse, ein Biergarten und eine bayerisch-bürgerliche Küche mit stark schwäbischem Einfluß zu günstigen Preisen. Kinderfreundlich: kleiner Spielplatz auf der Wiese. Fremdenzimmer vorhanden.

Preise:	Speisen und Getränke günstig
Öffnungszeiten:	9.00 bis 1.00 Uhr (warme Küche 11.30 bis 14.00 Uhr, 17.30 bis 21.30 Uhr), Montag Ruhetag
Anschrift:	Landgasthof Jägersruh, Jägersruh 4, 87719 Mindelheim, Telefon: 08261/1786, Fax: 08261/6591
Spezialitäten:	Knusprige Schweinshaxen
Sitzplätze:	145 in drei Räumen, Saal 70 bis 200, Terrasse 70, Biergarten 130
Unterkunft:	20 Zimmer
Unterkunftspreise:	Günstig, Halb- und Vollpension möglich

Die erste urkundliche Erwähnung als Bauernhof datiert aus dem Jahr 1855. Davor soll der Hof ein Ziegelstadel gewesen sein. Seit 1930 ist der Bauernhof mit Gaststube im Familienbesitz. 30 Jahre später wurde er zur Metzgerei umgerüstet, der Gastronomiebetrieb erweitert. Jetzt werden hier in der dritten Generation die Gäste umsorgt. Die Metzgerei wurde leider vor ein paar Jahren geschlossen, aber das Fleisch und die anderen Produkte stammen unmittelbar aus der Region von den umliegenden Bauern und Landmetzgereien. Als Mitglied der bayerischen Schmankerlküche zaubern sie hier Herzhaft-Deftiges wie die gegrillten Haxen, das Schweinerückensteak »Allgäuer Art« oder die »Maximilianpfanne«, ein Schweinefilet im Speckmantel. Der schwäbische Einfluß läßt sich nicht leugnen. Beispielsweise sollte man unbedingt das »schwäbische Pfännle« mit Maultaschen und Krautkrapfen probieren. Die meisten Gäste trinken Bier und Obstler zum Essen. Wein zu trinken ist eher unüblich, was nicht bedeuten soll, daß man auf einkehrende Freunde des Rebensaftes nicht vorbereitet wäre. Ein paar gute deutsche Tropfen liegen allemal bereit.
In diesen gemütlichen, bürgerlich eingerichteten Stuben kommt man nicht umhin, Großvaters Schnupftabaksammlung zu bewundern. In Schaukästen auf die Räume verteilt, sind es mindestens 250 Stück.
Wer die ländliche Stille sucht, ist hier gut aufgehoben. Der Weiler Jägersruh besteht aus insgesamt drei Häusern.

Der Weg Autobahn München – Lindau A 96, Ausfahrt Mindelheim, links in Richtung Dorschhausen, nach etwa 3,5 km liegt der Gasthof an der rechten Straßenseite.

Sehenswürdigkeiten Kneippkurort Bad Wörishofen mit Kurhaus und Falknerei in etwa 5 km Entfernung. Die Frundsbergstadt Mindelheim mit historischem Stadtkern und der Mindelburg (5 km). Die Königsschlösser in Füssen ungefähr 1 Autostunde entfernt. Zur Basilika nach Ottobeuren 20 km. Für einen Ausflug zum Bodensee oder nach München muß man mit 1 Stunde Autofahrt rechnen.

Reizvolle Wege Rund um den Gasthof und Bad Wörishofen gibt es schöne Radwanderwege in die umliegenden Dörfer und zu reizvollen Ausflugcafés: Der Radwanderweg von Mindelheim über Jägersruh nach Bad Wörishofen führt auf etwa 11 km durch Wälder und Wiesen. Die große Allgäu-Fahrradtour führt über Landsberg, Kaufbeuren, Kempten bis nach Österreich und erreicht 1154 Meter Höhe.

42 Gasthof Ochsen, Müllheim-Feldberg (Baden)

Das Wichtigste in Kürze

Mitten im Markgräflerland mit seinen drei bekannten Heilbädern steht dieser gemütliche Landgasthof. Liebhaber von guter Hausmannskost sind hier richtig. Einige Zimmer stehen für Übernachtungen zur Verfügung. Idealer Ausgangspunkt für Ausflüge ins nahe Frankreich.

Preise:	Speisen mittel bis gehoben, Getränke mittel
Öffnungszeiten:	Täglich 12.00 bis 14.00 Uhr, 18.00 bis 21.00 Uhr, Donnerstag Ruhetag
Anschrift:	Gasthof Ochsen, Bürgelnstraße 32, 79379 Müllheim-Feldberg, Telefon: 07631/3503, Fax: 07631/10935
Spezialitäten:	Geschnetzelte Kalbsnieren in Senfsoße und Schupfnudeln, Ochsenmaulsalat mit Rösti
Sitzplätze:	76 in drei Räumen
Unterkunft:	6 Doppel-,1 Einzelzimmer
Unterkunftspreise:	Günstig bis mittel, Halbpension möglich

42

Seit 1763 ist der Gasthof in Familienbesitz. Ein Vorfahre, der zugleich Bürgermeister war, kümmerte sich besonders um den Wein- und Obstanbau. Aus seinen Kellereien flossen hochwertige Weine, womit er auch andere Häuser belieferte. Der heutige Besitzer profitiert nicht nur von dem guten Ruf aus alten Zeiten. Er sorgt weiterhin für den guten hauseigenen Wein und eine köstliche Hausmannsküche. Die behagliche Atmosphäre in der gemütlichen Bauernstube schafft der große alte Kachelofen. Die Speisekarte enthält für jeden etwas. Wer kein Liebhaber von Innereien ist, wie Gänseleber auf Reibeküchli oder geschnetzelte Kalbsleber sauer, labt sich beispielsweise an Schweineripple, geschmorter Fasanenkeule oder einem Schwarzwälder Speckpfannkuchen. Bei sommerlichen Temperaturen muß man unbedingt im verwunschenen, wildbewachsenen Garten speisen. Der Landgasthof hat schon immer Gäste beherbergt. Ein Aufenthalt lohnt bereits allein wegen der reizvollen Umgebung, in der sich Wald und Weinberge abwechseln. Hinzu kommen noch die drei berühmten Heilbäder Badenweiler, Bad Krozingen und Bad Bellingen.

Der Weg

A 5 Freiburg – Basel, Ausfahrt Neuenburg, B 378 bis Müllheim, dann rechts in Richtung Vögisheim/Feldberg (von Müllheim bis Feldberg 6 km).

Sehenswürdigkeiten

Die Kirche in Feldberg (spätgotisches Sakramentshäuschen mit Steinmetzzeichen von 1464, unten im Glockenhaus), Automobil- und Eisenbahnmuseum in Mühlhausen, Heilbad in Badenweiler und Kurpark mit exotischen Pflanzen, alten Baumriesen und Badruine aus der Römerzeit. Neues Thermalbad mit ausgefallener Architektur. Viele Kirchen im Markgräferland, z. B. die Blansinger St. Peter mit Fresken (1173). Nach Freiburg 14 km. Sehr sehenswert: der Europark in Rust (über die Autobahn bis Ettenheim). Colmar (Elsaß) mit restaurierter Altstadt. Freilichtmuseum in Ungersheim/Elsaß. Vogelpark in Steinen.

Reizvolle Wege

Wanderkarten im Haus erhältlich. Mehrere schöne Rundwanderwege vom Gasthof aus durch die Weinberge und Wälder, z. B. 4 km bis Schloß Bürgeln (schöne Sicht über das Rheintal bis zu den Vogesen). Waldlehrpfad, abgehend vom Waldparkplatz »Schwärze« (zwischen Badenweiler und Britzingen), führt über 5 km durch den Wald. Romantische Wegstrecke Müllheim – Sulzburg – Münstertal. Links über den Stohren nach Steinwasen bei Oberried zum Bergwildpark. Rebwanderweg in Britzingen: Wissenswertes über Weinbau und Rebsorten.

43 Romantik-Hotel Hof zur Linde, Münster-Handorf

Das Wichtigste in Kürze

Dieses alte Fachwerk-Anwesen mit seinen zwei Gebäuden bietet alles zum Wohlfühlen. Sehr romantisch mit viel Grün liegt es am Werseufer mit den riesigen Weiden. Fahrradverleih mit entsprechenden Karten für die schönsten Wege gibt es im Haus.Wer möchte, läßt sich mit der Kutsche durchs schöne Münsterland fahren. Viele Pauschalarrangements gibt es hier zu buchen.

Preise:	Speisen und Getränke mittel bis gehoben
Öffnungszeiten:	12.00 bis 14.00 Uhr, 18.00 bis 21.30 Uhr (warme Küche)
Anschrift:	Hof zur Linde, Handorfer Werseufer 1, 48157 Münster-Handorf, Telefon: 0251/32750, Fax: 0251/328209
Spezialitäten:	Himmel und Erde mit gebratener Kalbsleber, gefüllter Ochsenschwanz mit Kartoffelkrapfen und Pflaumensoße
Sitzplätze:	65, Gartenterrasse 50
Unterkunft:	48
Unterkunftspreise:	Mittel, Halb- und Vollpension möglich, Wochenendpauschalen

43

Im 9. Jahrhundert wurde der Hof zum ersten Mal erwähnt. Seinen Namen trug er schon immer. Zwar mit Abwandlungen, aber die Linde war immer Bestandteil. Er war einer der größten Bauernhöfe von Handorf. Postkutschen und Reiter machten hier Rast. Die ersten Hotelzimmer gab es 1893, noch ohne Heizung und fließendem Wasser. Erst 1965 wurde alles installiert. 1972 haben die heutigen Besitzer das landschaftliche Anwesen ihrer Eltern übernommen. Bei den Umbauten wurde großer Wert darauf gelegt, daß kein Zimmer dem anderen gleicht und in den Restauranträumen immer das Westfalenland wiederzuerkennen ist. So brennt in einem Raum das offene Herdfeuer, und unter der Decke hängen Schinken und Wurst. In allen Räumen gehören Antiquitäten zur Ausstattung. Schwere dunkle Holzbalken geben ihnen etwas Anheimelndes. In der Jagdstube, zum Restaurant gehörend, hängen noch viele Trophäen, der Stolz früherer Besitzer.

Aus der Küche kommen vielerlei Gerichte, für jeden Geschmack etwas: das deftige Westfalenmenü, das leichtere Romantikmenü oder für die Vegetarier eine Vollwertspeisenfolge. Besonders schön sitzt man im Freien am Ufer des Flüßchens unter den herunterhängenden Weiden. In der Gartenanlage findet man überall verwunschene Winkel und lauschige Nischen. Naturliebhaber können hier aus dem vollen schöpfen: Viele kleine Wege führen durch die angrenzenden Wälder.

Der Weg
Autobahn Bremen – Münster A 1, Ausfahrt Münster-Ost/Greven. Dann in Richtung Münster, nur wenige Kilometer links nach Handorf. Gute 15 km von der Ausfahrt bis zum Gasthof. Oder: Die B 51 Münster – Bielefeld führt nah am Gasthof vorbei.

Sehenswürdigkeiten
Ausflüge in das historische Münster (etwa 8 km) mit seinen Kirchen, dem Dom, dem alten Rathaus, dem Freilichtmuseum Mühlenhof, dem Planetarium. Zu den Wasserschlössern im Münsterland, wie dem ungefähr 15 km entfernt liegenden der deutschen Dichterin Annette von Droste-Hülshoff, in Richtung Havighorst. Zum Botanischen Garten oder zum Vogelschutzgebiet.

Reizvolle Wege
Verschiedene Pläne für Pättkestouren mit dem Fahrrad gibt es im Haus. Wanderungen direkt durch den Boniburgerwald. Bootsfahrten auf der Werse oder mit dem Planwagen durch die Landschaft.

44 Hotel-Restaurant Leuther Mühle, Nettetal

Das Wichtigste in Kürze

Für Naturliebhaber und Ruhesucher ein ideales Plätzchen. Inmitten des Naturparks Schwalm-Nette liegt die restaurierte Mühle mit ihren Gäste-zimmern – nur zwei Autominuten von der holländischen Grenze entfernt. Reiter können ihre Tiere in den nahe gelegenen Stallungen unterbringen.

Preise:	Speisen und Getränke mittel bis gehoben
Öffnungszeiten:	Täglich 12.00 bis 23.00 Uhr
Anschrift:	Leuther Mühle, Hinsbecker Str. 34, 41334 Nettetal, Telefon: 02157/132061, Fax: 02157/132527
Spezialitäten:	Fischplatte, Gänsebraten im Herbst/Winter
Sitzplätze:	80, Terrasse 80
Unterkunft:	26 Zimmer
Unterkunftspreise:	Günstig bis mittel

44

Unterm rotierenden Mahlwerk und zwischen über 250 Jahre alten Balken wird hier getafelt. Erbaut wurde die Wassermühle 1717 und gehörte dem Grafen von Schaesberg, der mit seiner Familie die niederrheinische Region beherrschte. Nach einigen Jahren wurde das Anwesen veräußert. 1746 wurde eine Gastwirtschaft angebaut. So konnten sich die Bauern die Wartezeit mit einem Selbstgebrannten verkürzen, während ihr Getreide gemahlen wurde. Bis 1963 wurde der Mühlenbetrieb aufrechterhalten; dann machte ein Niederländer 1968 eine bäuerliche, rustikale Schänke daraus. Weitere Aus- und Umbauten wurden mit den jetzigen Wirtsleuten 1981 vorgenommen. Sie richteten auch das völlig verwitterte, schöne alte Mühlrad naturgetreu wieder so her, als müsse es erneut seinen Dienst aufnehmen. Die eigene Landwirtschaft und die gute Küche mit den vielen Fisch- und Wildspezialitäten, zum Beispiel Matjes nach Niederländer Art oder Hirschcarpaccio, lockten die Ausflügler an. So war es selbstverständlich, daß irgendwann ein paar Fremdenzimmer gebaut werden mußten. Jetzt liegt eine rundum gelungene Herberge inmitten von Wald, Heidelandschaft und Seen. Wer nicht nur wandern möchte, kann auf den Seen auch rudern und segeln.

Der Weg

Der Weg: Autobahn vom Ruhrgebiet nach Westen, Duisburg – Venlo A 40, Abfahrt Straelen/Herongen/Nettetal. Dann in südlicher Richtung (Aachen) bis vor die nächste Ortschaft Leuth. Unmittelbar am Ortsrand links abbiegen in Richtung Hinsbeck, 500 Meter bis zum Netteufer.

Sehenswürdigkeiten

Burg Ingenhofen im Ingenhofer Park (mit Fahrrad), Textilmuseum »Die Scheune«, Alt Kämpken in Hinsbeck, Naturschutzhof im Nettetal-Lobberich (Blumenfelder, Biotopgarten mit historischen Kräutern und Getreidesorten), Skulpturenpark Gingesweide im Stadtteil Hinsbeck (teilweise an der Parkanlage der B 509), Sequoia-Farm im Kaldenkirchener Grenzwald, Naturlehrpfad an der Jugendherberge mit zahlreichen Hinweisen auf Blumen, Gräser und Bäumen (Länge 3 km).

Reizvolle Wege

145 km ausgeschilderte Wanderwege rund um die 12 Seen. Nettetal-Radwanderweg (Länge 22 km). Wanderweg ab »Waldesruh« über die Renne und die Nette an der Flootsmühle vorbei, weiter zum Teufelsstein. Rechts an einer Rehtränke vorbei einen klaren Bach überqueren. Nach etwa 500 Meter führt der Weg aus dem Wald hinaus durch Ackerflächen und Wiesen.

Das Wichtigste in Kürze

Idyllisch am Stechlinsee liegt das alte Glasbläserstädtchen. Hier hatte Theodor Fontane sein Herz verloren. Es zog ihn immer wieder dorthin. In der gemütlichen Schankstube und im Garten unter der Linde des nach ihm benannten Hauses, ließ er es sich wohlergehen. Ideales Ausflug- oder Ferienziel, da es im Fontane-Land viel zu erkunden gibt.

Preise:	Speisen und Getränke sehr günstig
Öffnungszeiten:	Täglich von 10.30 bis 22.00 Uhr. Betriebsferien im November. Mitte Oktober bis Ostern ist jeweils mittwochs Ruhetag
Anschrift:	Fontanehaus, Fontanestraße 1, 16775 Neuglobsow, Telefon: 033082/70219/70448, Fax: 033082/70442
Spezialitäten:	Fontaneschmaus (geschmorte Rinderroulade, gefüllt mit Speck und Porree) oder der Brandenburgische Linseneintopf
Sitzplätze:	70 in drei Räumen, 60 auf der Terrasse vor dem Haus, 38 hinter dem Haus
Unterkunft:	9 Zimmer (4 Doppelzimmer, 5 Apartements)
Unterkunftspreise:	Günstig (vom 3.1. bis Ostern 10 Prozent Rabatt, ebenso bei 6 Übernachtungen), Halbpension nach Absprache

Als Ende des 19. Jahrhunderts die Glasmacherfamilien abzogen, lockte der Schriftsteller Theodor Fontane mit seinen bezaubernden Schilderungen – wie jener über den Menzer Forst und die Stille des Stechlins – die ersten Sommergäste an. Immer wieder finden wir in seinen Romanen Szenen aus seinen Wanderungen durch die Mark Brandenburg.

Das Gebäude von 1779 ist eines der ältesten im Ort. Ein Glasmacher hatte damals die Idee, eine Schänke nebenbei zu betreuen, wo es Bier und einen kräftigen Branntwein gab.

Aus der ehemaligen Glasmacherschänke wurde eine Gastwirtschaft, inzwischen mehrfach umgebaut und erweitert. Der Schriftsteller soll zum letzten Mal im Jahre 1893 hier Quartier bezogen haben. Heute gibt es neben dem Fontaneschmaus und anderer deftiger Hausmannskost wie Berliner Eisbein auch Fischgerichte, zum Beispiel Forellen und gebratene Maränen.

Für müde und gestreßte Gäste ist diese Oase der richtige Aufenthaltsplatz: nur Stille, Schönheit und viel Natur. Die geheimnisvolle Landschaft auf ausgedehnten Wanderungen nach dem berühmten Vorbild zu durchstreifen oder auf dem Fahrrad zu erkunden, bringt Ruhe und Erholung. Wer aber doch für einige Stunden der Stille entfliehen möchte, findet Ziele in benachbarten Orten. Auch eine Dampferfahrt nach Rheinsberg sorgt für Abwechslung.

Der Weg Von Berlin auf der B 96 nach Norden in Richtung Greifswald, Abfahrt Gransee, links in Richtung Stechlinsee, 19 km.

Sehenswürdigkeiten Mit dem Auto 15 km bis zum Schloß Rheinsberg. Ab Rheinsberg viele Dampferrundfahrten durch die Rheinsberger Seenkette möglich (3 bis 5 Stunden). Im Sommer gibt es Konzerte im Schloß. Ziegeleimuseum in Mildenberg, 25 km entfernt. Fontanes Geburtshaus in Neuruppin, etwa 50 km. Nach Kampehl zum Ritter Kahlbutz (mittelalterliches Ritterspektakel mit Ritterschmaus und Töpfereien), 60 Kilometer. Nach Berlin 90 Kilometer.

Reizvolle Wege An den Stechlinsee, um den Dagowsee, 1 Stunde Fußweg. Zum Augustablick (Aussichtspunkt über eine schöne Landschaft und dem Peetschsee), zum Fenchelberg (Anhöhe am Stechlinsee). Oben wartet eine Hütte mit Gastronomie zum Verschnaufen. Fahrradverleih im Haus, wunderbare Dampferfahrten ab Rheinsberg.

46 Landgasthof Buchner, Niederwinkling-Welchenberg

Das Wichtigste in Kürze

Im Uraltdörfchen im oberen Bayerischen Wald findet man diesen edlen Landgasthof. Hier fehlt es an nichts: ein kleiner, feiner Biergarten, die historischen Stuben und eine Karte, die von der Brotzeit bis zu den gehobenen Regionalspeisen alles enthält.

Preise:	Brotzeit und Getränke mittel, warme Speisen gehoben
Öffnungszeiten:	Mittwoch bis Sonntag 11.00 bis 1.00 Uhr, Montag und Dienstag Ruhetage
Anschrift:	Landgasthof Buchner, Freymannstraße 15, 94559 Niederwinkling-Welchenberg, Telefon: 09962/730, Fax: 09962/2430
Spezialitäten:	G'röstl vom Kaninchen- rücken, Wallerg'röstl
Sitzplätze:	74 in zwei Räumen, Saal 120, Biergarten 100

Schon 750 wurde das Örtchen mit den wenigen Häusern in einer Schrift des Klosters Niederalteich erwähnt. Ab 1110 tauchten hier die Adeligen von Welchenberg auf. Ab 1326 ist Welchenberg als eigene Pfarrei urkundlich erwähnt. Als später das Braurecht erteilt wurde, erbaute man eine Brauerei mit dazugehörigem Hof mit Hopfengarten, den heutigen Gasthof Buchner. Bereits 1882 erwarb die Familie Buchner Brauerei und Wirtshaus. Das Braurecht hat sie inzwischen an die gräfliche Schloßbrauerei abgegeben, aber das Landhaus bezieht noch heute sein Bier daher.

Wenn man nach Welchenberg kommt, kann man das weiße Gebäude mit dem steilen Dach nicht übersehen. Die Stuben mit ihren Holzdecken, die schweren Eichenmöbel, das barocke Kreuzgewölbe im Flur versetzen den Gast in frühere Jahrhunderte. Die Speisekarte mit der kleinen erlesenen Auswahl und die fein aufgedeckten Tische bringen einen schnell in die Gegenwart zurück – spätestens wenn man von der Pfifferlingsülze mit Lammfilet probiert oder ein Zwischengangerl mit Rehragout und Knödel einnimmt. Die Küche hat etliche Auszeichnungen gesammelt.

Der Weg

Von der Autobahn A 3 Regensburg – Passau, Ausfahrt Niederwinkling, nach Bogen, rechts abbiegen.

Sehenswürdigkeiten

Benediktinerkirche Oberaltteich (Barockkirche, 16. Jh.), spätgotische Wallfahrtskirche in Bogenberg (14. Jh.), Klosterkirche in Windberg, Kloster Metten bei Deggendorf, Klosterbibliothek. Zum Aussichtsturm (1095 Meter Höhe) auf dem nahegelegenen Hirschenstein.

Reizvolle Wege

Nur wenige hundert Meter bis zum Donauufer. Radwandern an der Donau bis Deggendorf/Metten. Etwa 5 km weiter setzt eine Fähre auf die andere Seite über. Dort führt ebenfalls ein Radwanderweg am Fluß entlang. Vom Gasthof aus geht ein Wanderweg bis zum Bogener Berg zur Marienkirche.

Das Wichtigste in Kürze

Sturmerprobt steht das weiße Reetdachhaus umringt von Kühen und Schafen direkt am Nordseedeich. Die regionalen und internationalen Leckerbissen genießt man hier sehr entspannt und ungezwungen. Von Oldenburg aus einfach zu erreichen.

Preise:	Speisen und Getränke mittel
Öffnungszeiten:	Dienstag bis Samstag 12.00 bis 14.00 Uhr, 18.00 bis 21.30 Uhr (warme Küche), sonntags 12.00 bis 21.30 Uhr, Montag Ruhetag
Anschrift:	Landhaus Tettens, Am Dorfbrunnen 17, 26954 Nordenham-Tettens, Telefon: 04731/39424, Fax: 04731/31740
Spezialitäten:	Meerzungenfilet mit Zucchini, Deichlamm provenzalisch
Sitzplätze:	80 in zwei Räumen, im Garten 40

47

Seit 1737 diente das Bauernhaus der Landwirtschaft, bis es 1830 völlig aus-brannte. Dank der Tatkraft der Tettenser Dorfgemeinschaft wurde es zwei Jahre später wieder aufgebaut. Die Landwirte wechselten noch einige Male. Erst 1978 wurde der Hof zu einer Gastwirtschaft und einem Kaffeegarten umge-baut. Die jetzigen Wirtsleuten führen es seit knapp einem Jahr.
Für Nordseeurlauber und Ausflügler ein lohnendes Ziel zum Einkehren. Ob in dem hübschen Kaffeegarten direkt am Deich, in der gemütlichen blauweißen Stube mit den Binsenstühlen und den Friesentellern an der Wand oder in der eleganteren Doele – auf den beiden Speisekarten findet sich bestimmt das Richtige. Die kleine Karte mit dem Deichfrühstück, den Krabben-, Grünkohl- und Matjesgerichten gilt mehr für die Terrasse und das Stübchen. Auf der goßen hat man die Wahl zwischen wunderbaren Fischmenüs, hauptsächlich aus heimischen Gewässern, oder zum Beispiel dem Herbstmenü mit Ganscar-paccio, gespicktem Hirschkalbsfilet und gefüllter Birne. Anschließend eine Spezialität des Hauses: Friesenteeparfait mit Orangensoße. Bevor man zu einem Verdauungsspaziergang auf dem Deich aufbricht, möchte man vielleicht vorher noch einen nordischen Klaren oder einen der Edelobstbrände zu sich nehmen.

Der Weg
Autobahn A 29/A 293 bis Oldenburg, Ausfahrt Olden-burg-Nord, dann die B 211 bis Brake, die B 212 bis Nordenham und weiter der Beschilderung Nordenham-Tettens folgen bis direkt zum Deich (knapp 40 km von Oldenburg bis Gasthaus). Von Bremerhaven aus kommend, nimmt man die Weserfähre Bremerhaven – Blexen; von dort auf der Deichstraße nach Tettens (ungefähr 7 km vom Fähranleger).

Sehenswürdigkeiten
Die alte Blexer Kirche (älteste Kirche an der oberen Weser, um 900 n. Chr. erbaut; 4 km entfernt), Hafen-anlage von Fedderwardesiel (älteste Hafenbefestigungsanlage, heute für Krab-benkutter; etwa 8 km). Moorseer Mühle (1954 Einstellung des Mühlenbetriebs, jetzt Museum, etwa 5 km), viele Gehöfte und Kirchen mit Vergangenheit in der Umgebung. Ausflug nach Oldenburg: Renaissanceschloß (1604, jetzt Museum), Lambertikirche, der Hafen am Küstenkanal.

Reizvolle Wege
Eine Stunde Fußweg durchs Vogelschutzgebiet mit den Wassertümpelchen zur Befestigungsanlage Lang-lütjen. Ebenso eine Stunde geht man am Deich entlang bis zur Fähre Blexen. Mit dem Fahrrad auf dem kleinen Sträßchen bis dorthin.

48 Landgasthof Zum Schwanen, Ochsenbach

Das Wichtigste in Kürze

Hier gibt es schwäbische Küche mit internationalen Varianten. Eigene Wurstherstellung, eigene Entenzucht. Der Landgasthof ist in einem der schönsten Fachwerkdörfer inmitten des Naturparks Stromberg-Heuchelberg gelegen. Im Sommer speist man im großen Garten. Von der Autobahn Stuttgart – Heilbronn aus gut zu erreichen.

Preise:	Speisen und Getränke mittel
Öffnungszeiten:	11.30 bis 14.30 Uhr, 17.00 bis 24.00 Uhr, Montag Ruhetag
Anschrift:	Landgasthof Zum Schwanen, Dorfstraße 47, 74343 Ochsenbach (Sachsenheim), Telefon: 07046/2135, Fax: 07046/2729
Spezialitäten:	Schwabenstreich (Kutteln), geschmorter Ochsenschwanz
Sitzplätze:	140 in vier Räumen, Garten 40

Seit über 100 Jahren und damit in der 4. Generation im Familienbesitz: Das blitzsaubere weiße Fachwerkhaus, ein ehemaliger Bauernhof aus dem Jahre 1780, steht in einem der schönsten Dörfchen bei uns, umringt von Wäldern, Wiesen und Weinbergen – kein Wunder, liegt es doch mitten im Naturpark Stromberg-Heuchelberg. Die Inhaber und Wirtsleute lassen sich viel für ihre Gäste einfallen. So zum Beispiel Schwanenwirts Backofenfest: Ein 120 Jahre alter gußeiserner Ofen, mit Rädern versehen, wird (bei einer Vorbestellung von 18 – 20 Personen) angeheizt, und dann gibt es Freilandenten, magere Kalbshaxen, Spanferkel, glaciertes Kassler und geschmorte Bäckerinkartoffeln. Man kann nehmen, soviel man will – für einen relativ günstigen Pauschalbetrag. Dazu wird ein Ochsenbacher Wein im Krügle empfohlen.

Anno 1996 ließen die Wirtsleute das Menü des Königs von Württemberg nachkochen, datiert vom 29.4.1914. Bis auf kleine Korrekturen beim Weinjahrgang war alles historisch genau gelungen, von der Ochsenschweifsuppe bis zur Schnepfenpastete. Die normale Speisekarte muß sich mit ihren Angebot auch nicht verstecken: Schwäbisches und Deftiges wie Schwabenstreich (ein Kuttelgericht), Saitenwürstle und Bauchläpple mit Linsen und Spätzle oder das Maultäschle in der Brühe. Zur Vesperzeit darf man sich die Ochsenbacher heiße Schinkenwurst vom Rost nicht entgehen lassen.

Auf einer Afrikareise haben die einfallsreichen Inhaber ihr Herz für manche Produkte des schwarzen Erdteils entdeckt. So holen sie selber die wildwachsenden Trüffelpilze aus dem roten Sand der Kalahariwüste in Botswana ab, stellen feine Süppchen oder Trüffelöl daraus her. Auch sehr interessant: Filet vom King-Klip, dem besten Fisch aus Südafrika. Passend dazu gute Tropfen von einem Südafrika-Weingut.

Es gibt übrigens viele Schwanenspezialitäten auch in Dosen zu kaufen.

Der Weg Autobahn Stuttgart – Heilbronn A 81, Ausfahrt Ludwigsburg-Nord, Landstraße über Bietigheim, Sachsenheim, Ochsenbach.

Sehenswürdigkeiten Nach Maulbronn zum Kloster. In Bönnigheim das Zander-Museum (naive und moderne Kunst). In Ludwigsburg Schloßmuseum, Schloßfestspiele, Stadtkirche (18 Jh.).

Reizvolle Wege Ein Wanderweg ungefähr 1 1/2 Stunden zum Vergnügungs- und Wildpark Trippsdrill. Das schönste Gebiet zum Wandern: Naturschutzgebiet Stromberg-Heuchelberg.

49 Gasthaus Bongsiel, Dat swarte Peerd, Ockholm-Bongsiel

Das Wichtigste in Kürze

Auf der Höhe von Föhr, auf halbem Weg von Husum nach Sylt, findet man Ockholm-Bongsiel. Wandern gegen den Wind, Radfahren und Angeln im Emil-Nolde- und Theodor-Storm-Land. Und Einkehren im Swarten Peerd.

Preise:	Speisen und Getränke mittel
Öffnungszeiten:	Täglich 12.00 bis 14.00 Uhr, 17.00 bis 22. 00 Uhr, Dienstag mittag geschlossen (im Winter Dienstag Ruhetag), Mitte Januar bis Mitte Februar Betriebsferien
Anschrift:	Gasthaus Bongsiel, Am Kanal 2, 25842 Ockholm-Bongsiel, Telefon: 04674/1445, Fax: 04674/1458
Spezialitäten:	Aal in allen Variationen (z. B. grün oder in Aspik, geräuchert oder gebraten)
Sitzplätze:	90 in zwei Räumen
Unterkunft:	12 Doppelzimmer, 8 Ferienwohnungen/Häuser
Unterkunftspreise:	Günstig

49

Den Krug am Siel gibt es schon seit 1903. Bis 1958 war »Bongsiel« der Anleger für Schiffe auf ihrem Weg zu den Halligen. Der Schleusenwärter Lauritz Thamsen erhielt die Genehmigung der preußischen Regierung, eine Gastwirtschaft zu betreiben. Man wollte ihn damit für seine gute Arbeit belohnen. Gleich hinterm Deich und am Bongsieler Kanal hat der gute Mann sein Häuschen gebaut. Dort traf man sich, um auf die Tide oder die Schiffe zu warten. Seine Künstlerfreunde wie Nolde, Feddersen oder Storm haben ihre Zeche mit Bildern bezahlt. So schmücken die Gaststube ein echter Nolde-Holzschnitt und 150 andere Originale neben den kostbaren holländischen blau weißen Fliesen. Heute führen der Enkel und seine Frau die Geschäfte. Einmal, als er knapp bei Kasse war, wollte er einen Nolde ins Pfandhaus bringen. Dem Pfandleiher verschlug es den Atem, und als Hanni Thamsen auch noch hinzufügte, er habe noch mehrere Originale, wollte man ihn sogar verhaften lassen.

Das Ehepaar Thamsen hat den großen Küchenmeistern über die Schulter geschaut. So sind die Gäste hochzufrieden, was die Wirtin so alles aus ihrer Küche hervorbringt: die tellergroße Seezunge, eine große Auswahl an Aalvariationen und – für die Fischverächter – Wildente. Der Wirt ist auch Jäger und hat »immer ein paar von den Vögeln vorrätig«. Man trinkt dazu ein frischgezapftes Bier oder einen Köm.

Die westholsteinische Küstenlandschaft mit ihrer herben Schönheit und dem rauhen Nordwestwind ist jedem Frischluftfanatiker hochwillkommen. Hinter dem Haus finden sich ein Biotop und ein eigenes Angelgewässer. Der gußeiserne Pferdekopf an der Fassade des Gasthauses hat ihm den Beinamen »Dat swarte Peerd« gegeben.

Der Weg Der Weg: Von Hamburg aus knappe 2 Stunden Autofahrt. Auf der A 23 bis Heide, weiter über Bordelum auf der B 5 in Richtung »Hamburger Hallig« abbiegen. Durch die Reußenköge und den Sönke-Nissen-Koog in den Ockholmer Koog, dann den Hinweisschildern folgen.

Sehenswürdigkeiten Die nordfriesischen Halligen vor der Westküste Schleswig-Holsteins (z. B. Langeneß, Oland, Gröde, Hooge) liegen unmittelbar vor Bongsiel. Auch die Inseln Amrum, Föhr und Sylt mit ihren vielen Sehenwürdigkeiten laden zu Tagesausflügen ein.

Reizvolle Wege Durch die Nähe zur Nordsee sind besonders ausgiebige Wattwanderungen möglich.

Das Wichtigste in Kürze

Sicher kein Geheimtip mehr ist dieser Gasthof im schönen historischen Park eines alten Herrenhauses. Der Ort: Zwischen dem Binnengewässer Selenter See und der Ostsee. Ideal für Ausflüge. Einige geschmackvoll eingerichtete Fremdenzimmer gehören zum Gasthaus.

Preise:	Speisen und Getränke mittel
Öffnungszeiten:	Mai bis Mitte Oktober 12.00 bis 14.00 Uhr, 18.00 bis 24.00 Uhr, Mitte Oktober bis Mai 18.00 bis 24.00 Uhr, Samstag, Sonn- und Feiertag 12.00 bis 24.00 Uhr, Donnerstag Ruhetag (nur im Winter)
Anschrift:	Ole Liese, 24321 Panker, Telefon: 04381/4374, Fax: 04381/4266
Spezialitäten:	Wild- und Fischgerichte: gefüllte Wildhasenkeule mit Maronenpüree, Karpfenfilet unter der Merrettichkruste
Sitzplätze:	80, Terrasse 48
Unterkunft:	6 Doppelzimmer, 1 Suite
Unterkunftspreise:	Mittel

V or über 200 Jahren gehörte die Ole Liese mit anderen Nebengebäuden und Ställen zur Residenz des Generalfeldmarschalls Fürst Friedrich von Hessen. Die Gemeinde Panker ist noch heute im Besitz der Familie Moritz von Hessen. Der Name Ole Liese stammt aus alter Zeit, denn das Lieblingspferd des Marschalls hörte auf diesen Namen. Der Reitknecht Ludwig Behrend mußte versprechen, das gute Tier bis zu seinem Tode zu pflegen; dafür erhielt er im Gegenzug die Schankerlaubnis mit Wirtschaft dazu. Das Tier ist längst begraben, aber die Nachkommen des Reitknechts pachteten den Gasthof noch bis 1955.

Das einmalig gelegene Örtchen Panker mußte sich nie um Zulauf bekümmern. Früher waren es Reisende mit ihren Kutschen. Später kamen Diplomaten und Politiker sowie Leute aus dem europäischen Hochadel, die auf Gut Panker eingeladen waren und auf ein Bier und ein Stück Aal bei der Ole Liese vorbeischauten.

Noch heute gibt es Bier und Aal und darüber hinaus noch mehr holsteinische Köstlichkeiten. Je nach Saison Wildgerichte wie Damhirsch oder die Entenkeule in Sauer mit Bratkartoffeln. Wer gleich über mehrere Tage bleiben möchte, darf sich noch an den Reizen der Landschaft mit den Seen und den eventuell sogar gelb leuchtenden Rapsfeldern erfreuen.

Der Weg

Die Autobahn Hamburg – Oldenburg A1, Ausfahrt Neustadt-Nord, die B 502 Richtung Kiel bis Panker (35 km von der Autobahnabfahrt bis zum Gasthof).

Sehenswürdigkeiten

Nach Plön am Großen Plöner See – mit seinem Schloß aus dem 17. Jahrhundert – und Malente mit der frühgotischen Feldsteinkirche sowie zum Kneippheilbad sind es 20 km. Nur wenige Kilometer bis Lütjenburg mit dem alten Stadtkern. 10 km bis zum Ostseebad Hohwacht.

Reizvolle Wege

Das ganze Gebiet ist von Radwanderwegen durchzogen. Ein sehr schöner Weg führt bis Forsthaus Hessenstein. Der Aussichtsturm (20 Meter) selben Namens steht auf dem 126 Meter hohen Pielsberg. Von hier aus hat man bei klarem Wetter eine tolle Aussicht bis Kiel und die Ostsee. Der Ostsee-Radwanderweg führt von der dänischen Küste über die Gemeinde Panker und soll bis Mecklenburg-Vorpommern ausgebaut werden.

51 Maack-Kramers Landgasthof, Pattensen

Das Wichtigste in Kürze

Rustikale Gemütlichkeit empfängt den Gast beim Eintritt in den ehemaligen Bauernhof. Deftig-Bodenständiges kommt auch aus der Küche. Schnell von der Autobahn Hannover – Hamburg aus erreicht, liegt es mitten im Ortskern von Pattensen gegenüber der Kirche.

Preise:	Speisen mittel bis gehoben, Getränke mittel
Öffnungszeiten:	Dienstag bis Samstag 17.00 bis 22.00 Uhr,
	Sonntag 10.00 bis 14.00 Uhr, 17.00 bis 22.00 Uhr,
	Montag Ruhetag
Anschrift:	Maack-Kramers, Blumenstraße 2,
	21423 Pattensen,
	Telefon: 04173/239,
	Fax: 04173/6749
Spezialitäten:	Matjes und Bauernfrühstück
	nach Maack-Kramers Art
Sitzplätze:	50, Ole Gaststuf 12–30, Saal 30–100

51

Der ehemalige Bauernhof hat seit 130 Jahren die Genehmigung zum Ausschank. Er diente aber in der Hauptsache als Hof und hielt für die Reisenden eine Gaststube geöffnet, in der sie bewirtet wurden. Erst mit den Jahren wurde er mehr und mehr zum Gasthof. Jetzt ist er in dritter Generation im Familienbesitz.

Das große Backsteinhaus liegt direkt an dem kleinen Dorfsträßchen unter uralten Bäumen. Richtig ländlich wird es innen: Holzdielen, Bauerntruhen und ein flackernder Kamin sorgen für Behaglichkeit. Die »Ole Gaststuf« wurde erst vor einigen Monaten restauriert. Mit neuem Kachelofen bietet sie Raum für bis zu 30 Gästen. Für die Hochzeitsfeier oder den Geburtstag findet man im Saal genügend Platz. Unabhängig von der traditionellen Speisekarte werden jede Menge saisonbedingte Highlights offeriert: Spargel, Pfifferlinge oder Matjes, um nur einige zu nennen. Damit die nötigen Informationen die Gäste auch erreichen, wird dreimal im Jahr ein kulinarischer Kalender herausgegeben und auf Wunsch zugeschickt. Als ständige Spezialität gilt die hausgemachte Sülze mit den besten Bratkartoffeln nach Maack-Kramers Art. Die Kartoffeln bezieht die Küchenchefin gleich in der Nähe beim Bauern. Ende November stehen Weinproben auf dem Programm.

Der Gasthof ist ein einfach zu erreichendes Ausflugsziel, nur wenige Kilometer von der Autobahn Hamburg – Hannover entfernt. Die Fahrt ab Hamburg zum Beispiel dauert nur 20 Minuten.

Der Weg
Autobahn Hamburg – Hannover A 7, Ausfahrt Winsen, 5 km bis Pattensen.

Sehenswürdigkeiten
Nur wenige Kilometer bis Winsen an der Luhe: Das Schloß (Herzogin Dorothea) ist allerdings nur von außen zu besichtigen. Nebenan der alte Marstall, 50 Meter weiter das Heimatmuseum. Beim Kirchplatz das Denkmal des berühmtesten Sohnes der Stadt Winsen, Goethes Sekretär Eckermann. Die Lüneburger Altstadt (20 km).

Reizvolle Wege
Mehrere Wanderwege beginnen am Ortsende und führen durch Wälder und Wiesen. Befestigter Radwanderweg bis zur Elbe (über 15 km). Ab Winsen/Luhe gibt es entlang der Luhe einen schönen halbstündigen Spazierweg. Viele Teiche in der Nähe.

52 Adelheids Spargelhaus, Gut Böckenhoff, Raesfeld-Erle

Das Wichtigste in Kürze

Die Hauptsaison findet hier während der Spargelzeit statt, April bis Ende Juni. Der Spargel stammt aus eigenem Anbau; 15 Hektar Felder gehören zu dem Gut. Es lohnt sich, auch außerhalb dieser Zeit zu kommen, denn dann wartet eine deftige westfälische Hausmannskost. Fahrradverleih im Haus.

Preise: Speisen und Getränke mittel
Öffnungszeiten: April bis Juni (Spargelzeit) jeden Tag 9.00 bis 11.30
        Uhr und 12.00 bis 22.00 Uhr, übrige Jahreszeit
        Montag und Dienstag geschlossen, Januar und
        Februar werktags geschlossen
Anschrift: Adelheids Spargelhaus, Rhaderstraße 67,
        46348 Raesfeld-Erle,
        Telefon: 02865/8012,
        Fax: 02865/6712
Spezialitäten: Westfälisches Büffet, Spargel
Sitzplätze: 200 in vier Räumen, auf zwei Terrassen 200

Nur Freunde wurden zunächst im eigenen Eß-
zimmer mit Adelheids westfälischen Köstlichkeiten bekocht, bis man dann1983 das Bauernhaus
als Restaurant eröffnete. Zum ersten Mal wurde
der Hof im Jahre 1134 erwähnt und hieß »Haus
Baken«. Seine Bewohner waren Zehntleute des Klosters Nottuln. Ab 1439
gehörte das Anwesen dem Junker von Gemen. Für 600 Reichstaler wurde es
1595 weiterverkauft. In der Zeit des 30jährigen Krieges begann die Branntwein-
produktion. Seit dieser Zeit (1723) ist der Hof in Besitz der Böckenhoffs.
Nach der jahrhundertealten Brenntradition haben die »Klaren« ihren besonderen Geschmack. So zum Beispiel »Graf Alexander«, der aus Buchweizen, Rog-
gen und Weizen gemacht wird. Wer es gern etwas lieblicher hat, muß von dem
Holunderlikör probieren. Aus frischen Blüten, die in Erle und Umgebung von
wildwachsenden Sträuchern gepflückt werden, wird dieses interessante Ge-
tränk hergestellt. Etwas ganz Besonderes in diesem Landgasthof: Am Wochenende steht von 9.00 bis 11.30 Uhr ein westfälisches Frühstücksbuffet bereit, mit allen Spezialitäten, die Land, Küche und Backstube zu bieten haben
(werktags auf Anmeldung). Kinder bis sechs Jahre essen kostenlos, wenn sie
älter sind, wird die Hälfte berechnet.
Die Umgebung des Landgasthauses kann sich sehen lassen, beginnt doch in
unmittelbarer Nähe die 100-Schlösser-Route, an der auch ein hervorragender
Radweg entlangführt. Das nächste Wasserschloß ist jedenfalls nur fünf Autominuten weit entfernt.

Der Weg

Autobahn Bottrop – Rheine A 31, Ausfahrt Lem-
beck/Raesfeld, dann in Richtung Rhade, geradeaus
durch Rhade hindurch; etwa 3 km dahinter und 1 km vor Erle liegt das Gut auf
der rechten Seite.

Sehenswürdigkeiten

Im Ort die 1400jährige Eiche, Besichtung der Guts-
brennerei, Wasserschloß Raesfeld (5 Autominuten),
Wasserschloß Lembeck (15 Autominuten).

Reizvolle Wege

Den obengenannten Schlössern kann man sich auch
auf dem Fahrrad nähern: 25 Minuten bis Schloß Raes-
feld, 1 Stunde bis Schloß Lembeck. Wer ohne feste Ziele nur wandern oder mit
dem Rad die Gegend erkunden möchte, dem seien die schönen Wege durch
das Marienthal empfohlen.

53 Forellenhof Reinhartsmühle, Rudolfshaus bei Kirn

Das Wichtigste in Kürze

Im ruhigsten Teil des Hahnenbachtals liegt malerisch der Forellenhof. Hier wird alles selbst hergestellt – von der Marmelade bis zur Wurst. Die eigene Fisch-, Schweine- und Rinderzucht ist da natürlich unentbehrlich. Gilt auch als Silencehotel. Viele Arrangements im Angebot.

Preise:	Speisen mittel bis gehoben (in Verbindung mit Halbpension günstig), Getränke mittel
Öffnungszeiten:	11.30 bis 14.00 Uhr, mit Nachmittagskarte 14.00 bis 17.30, 17.30 bis 21.00 Uhr (im Sommer bis 21.30 Uhr), Montag Ruhetag
Anschrift:	Forellenhof Reinhartsmühle, 55606 Rudolfshaus bei Kirn, Telefon: 06544/373, Fax: 06544/1080
Spezialitäten:	Kaninchenrücken, Kaninchengeschnetzeltes auf Feldsalat, geräucherte Bach- und Lachsforellenfilets
Sitzplätze:	120 in drei Räumen, Terrasse 60
Unterkunft:	30 Zimmer
Unterkunftspreise:	Mittel, Halbpension ab drei Übernachtungen, günstig bis mittel

Natur pur: Wildromantisch – umgeben von Wald, Wiesen und Wasser – liegt **53** das Landhaus versteckt im Hahnenbachtal. Dem legendären Räuberhauptmann Schinderhannes diente einst, im Jahre 1809, die Gegend mit der nahe gelegenen alten Schmidtburg (seit 1084 eine der bedeutendsten Burgen des Hunsrücks) als Schlupfwinkel.

Bis 1956 ließen die Bauern ihr Getreide in der inzwischen 250 Jahre alten Mühle mahlen. Dann wurde nur noch Landwirtschaft betrieben. Weil immer mal Ausflügler und Campingfreunde sich hierher verirrten und um Getränke baten, entstand der Plan, ein Ausflugslokal aufzubauen. 1964 war es soweit: Nach mehreren Umbauten war die landwirtschaftliche Herberge mit Gasthof geschaffen. Am Hahnenbach wurden Fischteiche angelegt und eine Forellenzucht begonnen. Der Fleischbedarf wird durch die eigene Schweinehaltung und Rinderzucht abgedeckt. Das Gemüse und die Kräuter wachsen hier selbstverständlich im eigenen Garten.

Die Gestreßten kommen an diesem Plätzchen Erde sicherlich zur Ruhe. Wer es dennoch nach endlosen Spaziergänge immer noch nicht geschafft hat, darf sich seinen Fisch zum Abendessen selber angeln.

Der Weg Autobahn A 61 Koblenz – Köln, Ausfahrt Rheinböllen, über die B 50 bis Kirchberg, durch den Ort durch bis Dickenschied, am Ortsende rechts bis Rudolfshaus; in Rudolfshaus rechts, nach 200 Metern auf der rechten Seite die Einfahrt zum Forellenhof.

Sehenswürdigkeiten Herrstein mit seinem historischem Ortskern in 8 km Entfernung, Asbach mit historischer Wasserschleife (10 km), Krummenau mit Zinngießerei (10 km), Kempfeld mit Wildpark und Wildenburg (10 km), im Hahnenbachtal Schloß Wartenstein (5 km), Bad Sobernheim mit Barfußpfad und Freilichtmuseum (25 km), in Kirn Opernfreilichtbühne auf der Kyrburg (10 km), Idar-Oberstein mit Schmuck- und Mineralhäusern und Edelsteinmuseum, Hunsrückdom in Ravengiersburg (20 km).

Reizvolle Wege Der schönste Wanderweg der Region beginnt hinter dem Hof und führt durchs obere Hahnenbachtal: Etwa 8 km führen – vorbei an der Schmidtburg, an der Besuchergrube Herrenberg mit dem kleinen Fossilmuseum und der Ruine Altburg – durch das windungsreiche Tal mit der Teufelsrutsche zur Ruine Hellkirche und bis nach Hausen. Rückweg durch den Wald über die Höhen bei Bundenbach. Ideal für Radfahrer ist der Nahe-Radwanderweg über Kirn (10 km).

54 Landhotel Voshövel, Schermbeck (Niederrhein)

Das Wichtigste in Kürze

Das Landhotel Voshövel mit seiner Gaststube liegt am rechten Niederrhein innerhalb des Naturschutzgebietes Hohe Mark. Hier ist man auf alle Wünsche vorbereitet, nach dem Motto: Erholung mit ein wenig Abenteuer. Kochkurs, Ballonfahrten, Golf und Tennis. Individualangebote.

Preise:	Speisen und Getränke günstig bis mittel
Öffnungszeiten:	Wenn der erste Gast kommt – und bis der letzte geht
Anschrift:	Landhotel Voshövel, Am Voshövel 1,
	46514 Schermbeck-Weselerwald,
	Telefon: 02856/91400, Fax: 02856/744,
	E-Mail: Landhotel-Voshoevel@t-online.de
Spezialitäten:	Spargel-, Wild- und Gänsegerichte
Sitzplätze:	53 bis 192 in vier Räumen, Festsaal bis 300,
	Schlemmergarten 80,
	Biergarten 300
Unterkunft:	33 Zimmer
	(jedes anders eingerichtet)
Unterkunftspreise:	Mittel bis gehoben, Sonderarrangements

54

Das Landhotel Voshövel ist seit 125 Jahren ein Familienbetrieb. Schon damals war das Gasthaus bei der Landbevölkerung sehr beliebt. Mitte der 30er Jahre entdeckten die ersten Ausflügler den idyllisch gelegenen Hof. Inzwischen ist die ländliche Einkehr zu einem perfekten Betrieb herangewachsen, der individuell auf Familien, Hochzeitspaare oder Geschäftsleute zugeschnittene Angebote bereithält. Dazu viel Natur vor der Tür. Vielleicht läßt man sich ein paar Stunden mit der Kutsche durch die Lande fahren. Auf besonderen Wunsch werden die Schimmel vor den Wagen gespannt.

Die Küche genügt höchsten Anforderungen. In den schmucken Gaststuben oder im Schlemmergarten gibt es deftige Hausmacherplatten mit selbstgebackenem Kartoffelbrot, Forelle aus eigener Räucherei oder gefüllte Hasenkeule, in Apfelmost geschmort. In den sogenannten Aktionswochen kommen beispielsweise Köstlichkeiten rund um die Kartoffel auf den Tisch. Dann gibt es die Büsumer Krabbenwoche, den plattdeutschen Abend mit knusprig gebratenen Panhas auf Kartoffelsalat oder Kuschelmusch (niederrheinischer Pannfisch) mit dicken Bohnen und Speck.

Der Weg

Autobahn Oberhausen – Arnheim A 3, Abfahrt Wesel/ Schermbeck, an der Abfahrt links, nach 2 km an der Ampel erneut links; nach ungefähr 6 km auf der linken Seite liegt Voshövel. Oder: Autobahn Bottrop – Gronau A 31, Abfahrt Schermbeck/Wesel, weiter auf der B 58 in Richtung Wesel, vor Hünxe-Drevenack an der Ampel rechts Richtung Bocholt/Borken; nach ca. 6 km Voshövel auf der rechten Seite. Mit der Bahn: Die nächsten Bahnhöfe sind Wesel und Dinslaken. Hauseigener Fahrservice.

Sehenswürdigkeiten

Voshövel liegt direkt an der 100-Schlösser-Route und der Kultur-Route an Lippe und Issel. In Xanten (20 km) im Archäologischen Park die römische Stadt Colonia Ulpia Traiana, in Erle die Kornbrennerei Böckinghoff (10 km), in Marienthal (2 km) das kleine gotische Kloster mit seinen expressionistischen Kunstwerken. Für Kinder: das Märchenschloß »Schloß Beck« mit zahlreichen Kinderattraktionen (20 km entfernt).

Reizvolle Wege

Besonders reizvoll sind die Loosenberge – Europas größte Wacholderheide (3 Hektar). Durch die Niederrheinische Ebene und das Naturschutzgebiet Hohe Mark. Fahrradtouren: zu den idyllisch gelegenem Otto-Pankok-Museum (2 km), zum Karmeliterkloster Marienthal, zur Zitadelle und zum Schillmuseum in Wesel. Man sieht den berühmten Willibrordi-Dom, das Schloß Diersfordt und Schloß Ringenberg.

55 Landhaus Mischler, Schönau

Das Wichtigste in Kürze

In einer romantischen, märchenhaften, von Felsen und Wäldern gepräg-
ten Landschaft liegt dieser Gasthof. Eine ideale Wandergegend. In der
Nähe sind viele Burgruinen zu besichtigen. Eine fein-bürgerliche Küche
erwartet die Gäste.

Preise:	Speisen und Getränke mittel
Öffnungszeiten:	Durchgehend ab 11.00 Uhr geöffnet, Ruhetage Montag und Dienstag, Betriebsferien 3 Wochen im Januar/Februar
Anschrift:	Landhaus Mischler, Gebüger Straße 2, 66996 Schönau, Telefon: 06393/1425, Fax: 06393/5618
Spezialitäten:	Geschmortes Kalbsherz mit Spätzle, Sauerbraten mit hausgemachten Klößen
Sitzplätze:	80 in zwei Räumen, Terrasse 40

55

Das alte Herrenhaus aus dem vorigen Jahrhundert, früher als Hotel genutzt, steht hier schon an einem besonderen Platz. Das Landhaus wird umringt von Waldbergen und zahlreichen Felsen. Den Höhepunkt des Waskenwaldes, so heißt der südliche Teil des Pfälzerwaldes, bilden in nur vier Kilometer Entfernung die im Halbkreis zum Gasthof stehenden Burgruinen. Die malerischen Felsenschlösser, wo nach der Sage der grimmige Hagen im Kampf ein Auge verlor, wurden im 17. Jahrhundert zerstört.

Der jetzige Besitzer des Gasthofs führt den Betrieb in der fünften Generation.1993 hatte er ihn von seinen Eltern übernommen. Der Hof wurde modern mit Kirschbaummöbeln ausgestattet, der Boden neu gefließt, die Wände hell gestrichen. Eigentlich sollte es ein Gourmetrestaurant werden. Familie Mischler mußte jedoch feststellen, daß die Gegend und auch die schlechte Wirtschaftslage nicht dafür standen. Inzwischen werden die Ausflügler mit wunderbaren fein-bürgerlichen Speisen verwöhnt wie Sülze vom Kaninchen, glasierte Kalbshaxe, geschmortes Kalbsherz oder Pfälzer Saumagen. Es gibt immer ein Gericht des Monats, welches man dem kulinarischen Jahresplaner entnehmen kann.

Der Weg

Die Autobahn Ludwigshafen – Karlsruhe A 65, Abfahrt Landau-Nord, die B 10 bis Hinterweidenthal, die B 429 nach Dahn, dann über Rumbach nach Schönau. Oder Abfahrt Kandel-Mitte, die B 427 nach Bergzabern, über Busenberg und Rumbach nach Schönau.

Sehenswürdigkeiten

Zu den sieben Burgruinen kommt man nur zu Fuß (4 bis 6 km im Umkreis): die Wegelnburg mit 572 Meter die höchstgelegene der Pfalz, die Hohenburg, der Löwenstein, der Fleckenstein, die Frönsburg, der Wasigenstein, der Blumenstein (teilweise ins nahe Elsaß hineinreichend).

Ausflug ins elsässische Wissenburg mit seiner kleinen hübschen Altstadt (etwa 25 km).

Reizvolle Wege

Der 4-Burgen-Weg führt über Hirschtal wieder zurück. Kleine Wege vom Gasthaus (15 Minuten) führen in den Wald zum Zundelsfels. Der Pfaffenfels, der über dem Wald herausragt und mit einer Leiter bestiegen werden kann, bietet eine prächtige Aussicht über den Ort. 15 Minuten Gehweg.

Das Wichtigste in Kürze

Hier tafelt man in einem Denkmal. Der Wein lagert noch heute in dem Weinkeller aus dem 13. Jahrhundert. Leichte regionale Küche wird in diesen ehrwürdigen, steinalten Mauern serviert. Einfach zu erreichen über die Autobahn A 5 von Karlsruhe nach Frankfurt.

Preise:	Speisen gehoben, Getränke mittel bis gehoben
Öffnungszeiten:	18.00 bis 24.00 Uhr, Sonn- und Feiertage geschlossen, Mittagessen auf Vereinbarung
Anschrift:	Strahlenberger Hof, Kirchstraße 2, 69198 Schriesheim, Telefon: 06203/63076, Fax: 06203/68590
Spezialitäten:	Gänsestopfleber im Schlafrock, mit Fetakäse gefüllter Kalbsrücken (Menü wechselt täglich)
Sitzplätze:	108 in zwei Räumen

Im Jahre 1240 diente der Hof den Edlen von Strahlenberg als Stadtresidenz. Als Mitte des 14. Jahrhunderts das Adelsgeschlecht verarmte, gingen die Stadt Schriesheim, Burg und Residenz in den Besitz des Kurfürsten Ruprecht von der Pfalz über. Das Brau- und Gastrecht reicht in das 16. Jahrhundert zurück. Über 100 Jahre später gehörte er zum Besitz eines Augustinerklosters. Der Heidelberger Hirsch-Wirt verewigte sich im Jahre 1598 mit seinem Wappen. Das auffällige Steinhaus, das sich von den Fachwerkhäusern in dieser Region abhebt, wechselte noch einige Male die Eigentümer und Pächter, aber erst in der heutigen Zeit konnte es mit staatlichen und privaten Mitteln saniert werden. Sein gotisches Gebäude blieb in seiner ursprünglichen Form erhalten. Die Möbel, Teppiche, Kunstgegenstände und Ölgemälde aus verschiedenen Kulturepochen geben den Räumen eine besondere Atmosphäre. Ebenso einen besonderen Touch haben auch die badischen Speisen wie beispielsweise Reh in Maronen-Apfel-Kruste, Dorade im Pergamentpapier oder der Wildhase in Honig glaciert auf süß-sauren Linsen. Daß auch bei der Weinwahl kein Wunsch offen bleibt, ist nahezu selbstverständlich, denn Platz für ein großes Sortiment, insbesondere die Abfüllungen von den umliegenden Weinbergen, findet sich im historischen Keller genug.

Der Weg Autobahn Karlsruhe – Frankfurt/Main A 5, Ausfahrt Ladenburg, bis zur Bergstraße in Schriesheim, links in die Talstraße; die erste Straße rechts ist die Kirchstraße.

Sehenswürdigkeiten Der Stadtbrunnen und das historische Rathaus im Ort. In Heidelberg (8 km): Schloß und Altstadt, die Alte Brücke und das Karlstor (18. Jh.), die spätgotische Peterskirche, der Renaissancebau »Haus zum Ritter« (1592). 9 km bis Weinheim (Altstadt), 4 km bis Ladenburg (Altstadt).

Reizvolle Wege Die Blütenwanderung durch die Weinberge entlang der Bergstraße von Heidelberg über Schriesheim bis Darmstadt. Halbe Stunde Fußweg bis zur Ruine Strahlenburg. Wanderweg (10 km) durch das Schriesheimer Tal in Richtung Wilhelmsfeld über den »Weißen Stein«, einen Aussichtsturm mit Blick ins Neckartal und den vorderen Odenwald.

57 Landgasthof Engel, Schwabenheim

Das Wichtigste in Kürze

Das älteste Haus im idyllischen Schwabenheim, mitten im Weinland Rheinhessen gelegen, ist zu einem Gasthof umgebaut worden. Es ist jetzt ein echtes Schmuckstück und sicher kein Geheimtip mehr. Regionale Küche zu reellen Preisen.

Preise: Speisen und Getränke günstig bis mittel.
Öffnungszeiten: Täglich 12.00 bis 14.00 Uhr, 17.00 bis 23.00 Uhr
Anschrift: Landgasthof Engel, Markt 8,
                     55270 Schwabenheim,
                     Telefon: 06130/929394,
                     Fax: 06130/9418080
Spezialitäten: Blutwurstlasagne, Bauern-
                     sülze im Guglhupf
Sitzplätze: 50 in vier kleinen Räumen, Innenhof bis 60

57

In langwieriger Kleinarbeit wurde das ehemalige Pfarrhaus aus dem Jahre 1569 restauriert. Nur umweltfreundliche Materialien sind verwendet worden. So nehmen zum Beispiel die originalgetreu restaurierten Lehmwände viel Feuchtigkeit auf und geben diese bei Trockenheit wieder ab, wodurch ein ideales Raumklima geschaffen wird. Das alte Gebälk, der Holzfußboden und die Eichenfenster wurden erhalten. Für die Wirtsleute ist das nicht die erste Verwandlung von altem Gemäuer zu einem florierenden schmucken Gasthof, denn das haben sie bereits mit ihrem Restaurant »Zum Alten Weinkeller« vor Jahren erfolgreich praktiziert. Die Familie betreibt seit dem 17. Jahrhundert Weinbau, selbstverständlich also, daß ein reichhaltiges Angebot der eigenen Weine vorhanden ist. Gelagert wird im tiefen Gewölbekeller.

Die Speisekarte ist fast so dick wie ein Buch, weil zu jedem Gericht eine Beschreibung angefügt ist. Bei den »typisch rhoihessischen« Speisen kann das für Gäste aus anderen Regionen, die der Landessprache nicht mächtig sind, ganz hilfreich sein. So erfährt man mehr über die »Blutworscht mit Appelring«, den Saumagen oder die Bauernsülze im Guglhupf.

In allen Stuben ist es sehr gemütlich. Mit einem Hauch Toscana-Flair läßt es sich in dem hübschen sandgepflasterten Innenhof tafeln.

Der Weg
Autobahn Mainz – Bingen A 60, Ausfahrt Ingelheim-West oder Ingelheim-Ost, durch Ingelheim Richtung Nieder-Olm auf der L 418 bis Schwabenheim. Oder: A 60, Ausfahrt Mainz-Lerchenberg bis Stadecken-Elsheim, dort rechts Richtung Ingelheim.

Sehenswürdigkeiten
In Mainz, 15 km entfernt: der Dom, die Chagall-Glasfenster in der Sankt-Stephan-Kirche, das kurfürstliche Schloß (17. Jh., jetzt Zentralmuseum), Reste der mittelalterlichen Stadtbefestigung. 8 km bis zum Rhein (Autofähre), eventuell Ausflüge in den Rheingau. In Ingelheim die spätgotische Burgkirche mit romanischem Turm. Nach Rüdesheim zum Rheingau- und Weinmuseum; Reste der Stadtbefestigung (15. Jh.). Bingen, die Stadt der heiligen Hildegard. Das ZDF ist nur 8 km vom Gasthof entfernt.

Reizvolle Wege
Ein sehr schöner Wanderweg führt zum Schloß Westerhaus (Weingut und Gestüt), gute 4 km entfernt. Radwanderweg in die Kaiserpfalz nach Ingelheim (ca. 6 km).

58 Herberge Gasthof Löwen, Seelbach-Schönberg

Das Wichtigste in Kürze

Hier sitzt man in der ältesten Gaststätte Deutschlands, eine Oase auf einer Höhenstraße im badischen Schwarzwald. Ein dazu gehöriges kleines modernes Hotel mit Hallenbad liegt direkt dahinter. Die schönste Aussicht auf die Schwarzwaldberge. Golfplatz in der Nähe.

Preise:	Speisen mittel bis gehoben, Getränke mittel
Öffnungszeiten:	Täglich 10.00 bis 24.00 Uhr, Montag Ruhetag
	Betriebsferien 14 Tage im Februar
Anschrift:	Herberge Gasthof Löwen, Ludwigstraße 1,
	77960 Seelbach-Schönberg,
	Telefon: 07823/2044 (2047), Fax: 07823/5500
Spezialitäten:	Badische Schlachtplatte, Rebhuhn mit Sauerkraut
	und Maronen, Edelfasan »Winzerin Art«
Sitzplätze:	85 in zwei Räumen, Saal 120,
	Gartenterrasse 120
Unterkunft:	24 Doppel-, 3 Einzelzimmer,
	5 Apartments,
	5 Ferienwohnungen
Unterkunftspreise:	Mittel, Halb- und Vollpension, Wochenendpauschalen

58

Die Herberge Löwen ist das älteste Gasthaus in Deutschland. Im Jahre 1231 erbaut und erstmals 1370 im Teilungsbrief der Gebrüder von Geroldseck als »Herberge am Berge« erwähnt. Seit acht Generationen in Familienbesitz. An der Paßstraße gelegen, die den Bodensee und das Rheintal verbindet, diente das Gasthaus in 500 Meter Höhe damals als Einkehr-, Zoll- und Mautstation. Es hieß auch, daß die edlen Herren von der Burg Hohen-Geroldseck in ihrer Burgschenke dem Handels- und Kaufmannsvolk nicht nur Taler für Essen, Trinken und Übernachten abknöpften, sondern sie anschließend im Wald auch noch überfielen. Das sprach sich natürlich herum, aber den Geschäftsreisenden blieb keine andere Wahl, als über die Höhenstraße vorbei an der Herberge am Berg und der Burg Hohen-Geroldseck (Ruine ist noch vorhanden) zu ziehen. Heute heißt der alte Raubritterpfad Bundesstraße 415.

Der Mittelfachwerkbau mit seinem harten Eichenholz hat die stürmischen Zeiten unbeschadet überstanden. Überhaupt ist alles sehr urig hier, zum Beispiel die holzgetäfelte Wirtsstube, der dicke alte Balken mit seiner Inschrift aus dem Jahre 1231, der grüne Kachelofen. Die Kassettendecke besteht aus sechs Zentimeter dickem Tannenholz. Die restaurierten Räume wurden keinem Stilbruch unterworfen. Man fühlt sich hier sofort heimisch, ein Empfinden, das sich durch das reiche Angebot an badischen Spezialitäten noch steigert. Fast alles stammt aus der eigenen Landwirtschaft: das Fleisch von der eigenen Jagd, das selbstgebackene Brot aus dem gemauerten Backofen, Kirsch-, Zwetschgenwasser und Himbeergeist aus der eigenen Brennerei.

Der Weg Autobahn Karlsruhe – Basel A 5, Ausfahrt Lahr, die B 415 in Richtung Biberach/Baden (14 km von der Ausfahrt bis zum Löwen). Oder von der Ausfahrt Offenburg auf der B 33 bis Biberach/Baden, dort abbiegen in Richtung Lahr/Schwarzwald; über die B 415 (22 km) bis zur Herberge.

Sehenswürdigkeiten Die Burgruine, das Freilichtmuseum »Vogtsbauernhöfe« in Gutach (20 km), bis Freiburg 55 km, bis Strasbourg/Elsaß 45 km. Die freie Reichsstadt Zell a. H. (6 km). Bis Europapark in Rust sind es 22 km. Die Wasserfälle in Triberg, die Badische Weinstraße.

Reizvolle Wege Die Herberge liegt direkt am »Kandelhöhen-Wanderweg« des Schwarzwaldvereins. 20 Gehminuten bis zur höher gelegenen Burgruine »Hohen-Geroldseck«. Viele schöne markierte Wanderwege in der Umgebung.

59 Zum Hundertjährigen, Seevetal-Hittfeld

Das Wichtigste in Kürze

Nur einige Kilometer von Hamburg entfernt, liegt dieser Gasthof in der Nordheide – ideal für einen Wochenendausflug. Mit eigener Schnaps- brennerei und Landwirtschaft. Der Hof hat eine lange Geschichte, daher sind viele Raritäten und Antiquitäten zu bewundern.

Preise:	Alle Speisen günstig, Getränke günstig bis mittel
Öffnungszeiten:	Mittwoch bls Freitag 16.00 bis 22.30 Uhr, Samstag, Sonn- und Feiertage 10.00 bis 22.30 Uhr, durch- gehend warme Küche
Anschrift:	Zum 100jährigen, Harburger Straße 2, 21218 Seevetal-Hittfeld, Telefon: 04105/2300, Fax: 04105/51673
Spezialitäten:	Gerichte aus eigener Schlachtung: Schlachtplatte, Katenschinken, Sülze. Hittfelder Korn (der Hundertjährige)
Sitzplätze:	110

59

Die Gründung des zu den ältesten Landgaststätten zählenden »Zum Hundertjährigen« erfolgte im 15. Jahrhundert. Der damalige Bauernhof lag an der Kreuzung zweier Poststraßen. Wegen der günstigen Lage diente er eine Zeitlang als Poststation.

Die Tradition der Familie Steinwehe, die heutigen Besitzer, geht bis auf das Jahr 1814 zurück, als der ehemalige Quartiermeister Heinrich Steinwehe diesen Hof ersteigerte. Er brachte bald die Brennerei wieder in Schwung, die sein Vorgänger hatte verfallen lassen. Der heutige Gasthof hat seinen Namen nach seinem preisgekrönten Korn »Der Hundertjährige«.

Später wurde der Kuhstall zu einer weiteren Gaststube umgebaut. Mit viel Liebe renoviert, steht der Hof heute unter Denkmalschutz. Man speist inmitten kostbarer Antiquitäten.

Die Küche bietet eine Auswahl an deftigen Speisen. Für den großen Appetit empfiehlt sich die günstige Schlachtplatte. Die rechtfertigt dann auch im Anschluß den »Selbstgebrannten«. Ebenso aus eigener Schlachtung stammen der Katenschinken und die Leberwurst. Die Rezepte sind seit Generationen übermittelt worden. Nach einem kleinen Verdauungsspaziergang sollte noch der hausgebackene Kuchen probiert werden.

Der Weg

Autobahn Hamburg A 1 nach Bremen, Ausfahrt Hittfeld, dann links, und bei der zweiten Straße an der rechten Ecke steht man schon vor dem Landgasthof.

Sehenswürdigkeiten

Die Hünengräber zwischen Klecken und Buchholz; mit dem Auto etwa 7 km. Sehenswert im Ort ist zum Beispiel die über 1000 Jahre alte Hittfelder Kirche oder das unter Denkmalschutz stehende Standesamt mit der Kaisereiche. Nicht zu vergessen: die Spielbank in Hittfeld. Die Lüneburger Heide beginnt bereits etwa 20 km weiter in östlicher Richtung.

Reizvolle Wege

Für Radfahrer und Spaziergänger gibt es einen befestigten Weg in Richtung Eddelsen zum Sunder Waldgebiet. Die Abkürzung nur für Wanderer führt über den Feldweg zum Eddelsen Bruch. Man kann auch mit dem Auto bis zum Waldgebiet fahren und es dort stehen lassen.

60 Landgasthof Sternen, Sipplingen am Bodensee

Das Wichtigste in Kürze

Fast alles wird hier selbst hergestellt. Riesige Auswahl an Lammgerichten aus eigener Schäferei. Idyllisch auf der Anhöhe des Hohenfels mit Blick über den Überlinger See (Teil des Bodensees) gelegen. Zimmer für Urlauber im Haus. Ideales Ausflugsgebiet, zum Beispiel eine Bootsfahrt zur Insel Mainau.

Preise:	Speisen günstig bis mittel, Getränke günstig
Öffnungszeiten:	12.00 bis 14.00 Uhr, 17.30 bis 21.30 Uhr, Dienstag Ruhetag
Anschrift:	Landgasthof Sternen, Burkhard-von-Hohenfels-Straße 20, 78354 Sipplingen, Telefon: 07551/63609, Fax: 07551/3169
Spezialitäten:	Lammgerichte wie Lammbratwürstle auf Weinsauerkraut, Bodenseefelchen
Sitzplätze:	90 in zwei Räumen, Terrasse 40
Unterkunft:	15 Zimmer
Unterkunftspreise:	Günstig, Halb- und Vollpension

An der Sonnenseite des Bodensees liegt der Erholungsort Sipplingen mit seinen vielen Fachwerkhäusern. Es ist sogar ausgezeichnet worden als schönstes Dorf am See. Ausgrabungen belegen, daß Sipplingen schon in prähistorischer Zeit besiedelt war. Naturliebhaber finden hier seltene Pflanzen an den Hängen, und einmalig schön sind die wilden Orchideengärten. In dieser Lage auf einer Anhöhe befindet sich der Landgasthof Sternen, der sich fast allein versorgt. Nur wenige Produkte stammen von Bauern aus der Nachbarschaft.

Die Wirtsleute verwöhnen schon in sechster Generation ihre Gäste auf dem ehemaligen Bauernhof. Ihre Spezialitäten sind die Lammgerichte aus der eigenen Herde wie hausgeräucherter Lammschinken, Lammsalami und -würstchen. Das Milchkalbsrückensteak stammt natürlich auch aus der eigenen Schlachtung, und Obst und Gemüse kommen aus dem Eigenanbau hinten im Garten. Für Fischliebhaber: Es gibt ein reichhaltiges Angebot von frischen Bodenseefischen. So bleibt als Krönung nur noch der selbstgebrannte Obstschnaps. Das »Viertele« wird aus der Region ausgeschenkt. Hier tafelt und wohnt man noch zu günstigen Preisen, und das in einer reizvollen, lieblichen Landschaft. Endlosen Wanderungen, Radtouren oder Ausflügen mit dem Schiff sind keine Grenzen gesetzt. Unterstellplätze für Pferde gibt es auch.

Der Weg

Aus München die A 96 (streckenweise Bundesstraße) bis Lindau. Am See entlang in Richtung Überlingen. Noch etwa 8 km bis Sipplingen. Aus Richtung Würzburg/Stuttgart die A 81 bis Singen, links die A 98 bis Autobahnende, weiter die B 31 Richtung Ludwigshafen/Überlingen, nächster Ort ist Sipplingen.

Sehenswürdigkeiten

Im Ort: im Bahnhofsgebäude Funde aus alter Zeit, Museum »Erlebniswelt von Sipplingen«. Bootsfahrt zur Blumeninsel Mainau. Schloß Heilgenberg mit schönem Rittersaal (20 km), Schloß Salem, Friedrichshafen mit Zeppelin- und Schulmuseum, Rheinfall von Schaffhausen (knappe Stunde Autofahrt), altes Städtchen Meersburg mit Schloß, Pfahlbauten in Unteruhldingen, Inselstadt Lindau, Konstanz.

Reizvolle Wege

Rundwanderweg Bodensee. Als einer der schönsten Spazierwege führt direkt vom Gasthof aus der Blütenweg oberhalb der Anhöhe entlang. Nach jeder Kurve hat man einen herrlichen Blick über den See. Geologischer Lehrpfad zum Haldenhof mit schönstem Aussichtspunkt. Am anderen Dorfende zum Naturdenkmal der 7 Churfürsten (hochragende Steine), der Tobel (eine wildromantische Schlucht).

61 Starnberger Alm, Illguths Gasthaus, Starnberg

Das Wichtigste in Kürze

Wie in einem bayerischen Museum sitzt man in den urigen Räumen. Mit bayerisch-schwäbischen Schmankerln wird man verwöhnt. Über 155 Württemberger Weine stehen zur Wahl, aus einer Karte, so dick wie ein Buch. Ein Gasthaus mit Auszeichnungen. Weine auch im Straßenverkauf erhältlich.

Preise:	Speisen günstig, Weine günstig bis mittel
Öffnungszeiten:	Dienstag bis Samstag, auch feiertags, 17.00 bis 24.00 Uhr; Betriebsferien 2 Wochen ab Weihnachten, 3 Wochen ab Sommerferien
Anschrift:	Starnberger Alm, Schloßbergstraße 24, 82319 Starnberg, Telefon: 08151/15577
Spezialitäten:	Maultaschengerichte (auf Linsen oder in Essig und Öl), schwäbische Spezialitätenplatte
Sitzplätze:	135 in vier Räumen, Terrasse 50

61

Auf einer kleinen Anhöhe am Starnberger See im Bayernland wird eine bayerisch-schwäbische Mix-Gastronomie betrieben. Die Wirtsleute, echte Schwaben, schenken zwar Andechser Klosterbier aus, aber die Weine und Brände stammen fast ausschließlich aus Württemberg. Selbst der Traubensaft kommt aus Schwaben. Das Engagement in Württemberger Weine brachte schon mehrere Auszeichnungen ein. Aus dem Ländle lagert immerhin das größte Sortiment bundesweit im Almenkeller.

Seit 1990 haben die Schwaben das Gasthaus in Besitz. Die Starnberger Alm wurde 1800 erbaut und beherbergte einen Seiler, einen Apotheker, einen Essigsieder und Branntweiner, bis 1862 der erste Gastwirt einzog. 1924 gehörte sie dem Kloster Andechs.

Urig und gemütlich sind die »Stub'n« ausgestattet. Jede Menge Gerätschaften aus vergangenen Tagen hängen an den Wänden und von den Holzdecken. Die Küche bringt eine gute Auswahl von Maultaschengerichten auf den Tisch und täglich ofenfrische Brezen, Leberkäs und Schweinsbraten. Gästen mit kleinerem Appetit stehen auch halbe Portionen zur Verfügung. Auch Vegetarier können hier getrost einkehren, eine Käse- und Fischauswahl wird immer bereitgehalten.

Der Weg Über die Autobahn München – Garmisch A 95, Ausfahrt Starnberg; zur Ortsmitte Starnberg (Maibaum) in Richtung Weilheim, an der 2. Ampel rechts in Richtung Söcking, nach 100 Meter auf der rechten Seite die Alm.

Sehenswürdigkeiten Gleich nebenan die Josefskirche mit ihrem berühmten Altar von Ignaz Günther, außerdem Starnberger Schloß (nur von außen zu bewundern), Heimatmuseum, Kloster Andechs (18 km). Nach München 15 Autominuten.

Reizvolle Wege Durch die Maisinger Schlucht zum Maisinger See, weiter nach Pöcking (mit der S-Bahn zurück). Über den Prinzenweg nach Pöcking, dann am See weiter (Rückkehr mit der S-Bahn ab Tutzing oder mit dem Schiff in den Sommermonaten); schöner Wanderweg am Ostufer, eventuell mit dem Schiff zurück. Durch das Starnberger Moos nach Wangen.

62 Fehnhof, Südgeorgsfehn

Das Wichtigste in Kürze

Fehn bedeutet Moor im Niederdeutschen. Und wie der Name, so die Landschaft. Der 130 Jahre alte Fehnhof liegt im Herzen Ostfrieslands, direkt am Südgeorgsfehnkanal. Er zählt nicht nur wegen seiner urigen Einrichtung und der traditionellen Küche zu den schönsten Landgasthäusern Deutschlands: Man kann dort auch alten, ostfriesischen Freizeitvergnügen wie Besenwerfen und Boßeln frönen.

Preise:	Speisen und Getränke günstig bis mittel
Öffnungszeiten:	Mittwoch bis Freitag 17.30 bis 22.00 Uhr (warme Küche), Sonnabend und Sonntag ab 11.00 Uhr. Montag und Dienstag Ruhetage
Anschrift:	Ostfriesischer Fehnhof, Südgeorgsfehner Straße 85, 26670 Südgeorgsfehn, Telefon: 04489/2779, Fax: 04489/3541
Spezialitäten:	Deichlamm, Blut- und Grützwurst
Sitzplätze:	350 in sieben Räumen, 200 im Hauptsaal (Bereiche für kleinere Gesellschaften sind abteilbar), Garten bis 150

62

Gegründet wurde »Süd- und Nord-Georgs-Vehn« (damals noch mit v geschrieben) im Jahre 1828/29, benannt nach dem König Georg von Hannover. Die ersten Siedler kamen aus den Ortschaften Bunde und Weener sowie von anderen Mooren. 1850 kam auch die Familie Abels hierher, die erst einmal auf einer Sandhöhe in einer einfachen Torf- und Sodenhütte wohnte. Im Jahre 1869 gründete sie den Hof mit einer Gastwirtschaft und einem Kolonialwarenladen. Im trockenen Sommer 1911 brannte ein Teil des Anwesens ab.

Viel Platz bietet der Hof mit seinen Stuben und Festsälen. Jeder Raum ist anders gestaltet. Im Friesensaal herrscht maritime Atmosphäre. Das Modell des Schoners »Elisabeth« erinnert an die Seefahrer, die hier einkehrten. Gutes Essen entschädigte sie für die harten Wochen und Monate auf See. In die »Upkamer« ließen die Friesen noch nicht mal ihre Freunde herein, nur Familienmitglieder. Sehr urig ist die Kneipe im kleinen Backhaus. Für die Geburtstagsfeier kann man das Holzhüttchen gleich ganz mieten, mit zünftigem Essen und frisch gebackenem Fehnhofbrot. Im großen Fehnhofsaal mit Empore für Redner oder eine Kapelle darf getanzt und gefeiert werden. Ob kleine oder große Gesellschaften hier einkehren, der Küchenchef hat alles im Griff. Wunderbare Spezialitäten nach Großmutter Abels Rezeptbuch wie »Updrögt Bohnen« mit Hausmacher Wurst und Speck in der Pfanne serviert, Labskaus oder zartes Pökelfleisch.

Die Fehnhofer Specials muß man mal mitgemacht haben: Besenwerfen (kostenlos), Kohl- und Pinkelfahrten (Preis nach Anfrage) durch die rauhe Landschaft, Koch- und Backkurse oder Boßeln (friesisches Straßenkegeln).

Der Weg Von Oldenburg in Richtung Westerstede auf der A 28, Abfahrt Remels, Richtung Augustfehn. Nach 1,8 Kilometern links ab nach Südgeorgsfehn.

Sehenswürdigkeiten Das Fehnmuseum in Elisabethfehn und das Schiffahrtsmuseum in Rhauderfehn (beides gute 15 km entfernt) geben Einblicke in vergangene Zeiten Ostfrieslands. Die Kunsthalle Emden ist nur 45 km entfernt. Kanalausflugsfahrten mit dem Schiff. Tagesausflug nach Helgoland.

Reizvolle Wege Da der Hof direkt an der Deutschen Fehnroute (164 km insgesamt) liegt, ist Radwandern hier die beliebteste Art der Landerkundung. Deich auf, Deich ab durch die Fehnkolonien (urbar gemachte Moorlandschaft), vorbei an bilderbuchartigen Bauernhöfen. Die Uferlandschaft der Ems (10 bis 15 km) eignet sich für längere Wanderungen.

63 Gasthof-Pension Sennhüte, Tegernau-Schwand

Das Wichtigste in Kürze

Ein Paradies für Naturfreunde und Wanderer ist das kleine Dörfchen im südlichen Schwarzwald in 700 Meter Höhe. Für Ausflügler, Kurz- oder Langurlauber eine gute Adresse. In familiärer Atmosphäre und mit badischen Spezialitäten wird man hier verwöhnt. Terrasse mit wunderbarer Aussicht.

Preise:	Speisen und Getränke günstig bis mittel
Öffnungszeiten:	11.30 bis 14.00 Uhr, 17.00 bis 21.00 Uhr. Dienstag Ruhetag
Anschrift:	Gasthof Sennhütte, Kleines Wiesental im südlichen Schwarzwald, 79692 Tegernau-Schwand, Telefon: 0 76 29 / 9 10 20, Fax: 0 76 29 / 9 10 2 13
Spezialitäten:	Forellen, Hausgeräuchertes
Sitzplätze:	120 in drei Räumen, Terrasse 70
Unterkunft:	8 Doppel- und 1 Einzelzimmer
Unterkunftspreise:	Günstig, Halb- und Vollpension

Erst 1898 wurde die Sennerei als Käserei aufgegeben und das Wirtshaus Sennhütte eingerichtet. Schnell wurde die Hütte als gemütliche Einkehr bekannt. Nach den Kriegswirren und mehrmaligem Besitzerwechsel kehrte in den 50er Jahren wieder Ruhe ein. Dafür sorgten die jetzigen Wirtsleute. Nach einem vollständigen Umbau 1958 trafen zwei Jahre später die ersten Hausgäste ein. Die Fremdenzimmer und Wirtschaftsräume wurden in den 80er Jahren nochmals modernisiert. Ein besonderer Anziehungspunkt ist im Sommer die schöne Gartenterrasse mit ihren schattenspendenden Kastanien. Für eine deftige Vesper muß man unbedingt die herzhaften Spezialitäten aus der eigenen Räucherkammer probieren. Zum Beispiel das Schäufele, den Speck oder die Rinderhüfte. Der Küchenchef, Sohn der Wirtsleute, beweist seine Künste am Herd. Gelernt hat er in Häusern der Region. Jetzt setzt er auf gutbürgerliche-badische Gerichte wie Wild aus der heimischen Jagd oder frische Bachforelle. In diesem Landstrich gibt es ein riesiges Wandernetz. Für Gäste, die höher hinaus wollen, bietet sich eine Wanderung bis über 1400 Meter an. Der Belchen ist der dritthöchste Schwarzwaldgipfel. Belohnt wird man mit einer einmaligen Aussicht über die umliegenden Täler. An klaren Herbsttagen soll der Blick sogar bis zum Montblanc und der Zugspitze reichen.

Der Weg Autobahn A5/A98, Ausfahrt Lörrach, nach Schopfheim, Tegernau, Schwand. Oder Autobahnausfahrt Müllheim (A 5), Badenweiler, Hochblauen, Wies, Tegernau, Schwand.

Sehenswürdigkeiten Die berühmten Heilquellen von Badenweiler und Bad Bellingen (halbe Stunde). In die Schweiz nach Basel (30 km): Altstadt, historisches Rathaus, Münster (11./12. Jh.), 27 Museen, z. B. Papiermuseum mit alter Papiermühle, Basler Zoo. Nach Dornach zum Anthroposophen-Zentrum »Goetheanum«. Augst: Römisches Theater. Freiburg: Münsterplatz mit Markt, Stadttore, Schloßberg. Idyllischer Ort St. Blasien, Dom (17. Jh.) mit drittgrößter Kirchenkuppel Europas, Park, Kloster. In Hasel zur Erdmanns- und Tropfsteinhöhle. In Lörrach/Hagen die Burg Rötteln.

Reizvolle Wege Rundwanderwege um den Schwand in beliebiger Länge durch Wälder und Wiesen, an Teichen vorbei. Auf den Wegen ergeben sich herrliche Aussichtspunkte (Höhenunterschiede beim Wandern 300 Meter). Zum Belchen erst mit Pkw nach Neuenweg oder Neuenweg-Hau (Wanderparkplätze). Dann durch die Südflanke hinauf zum Gipfel. Nicht weit ist es auch zum Feldberg (1495 Meter).

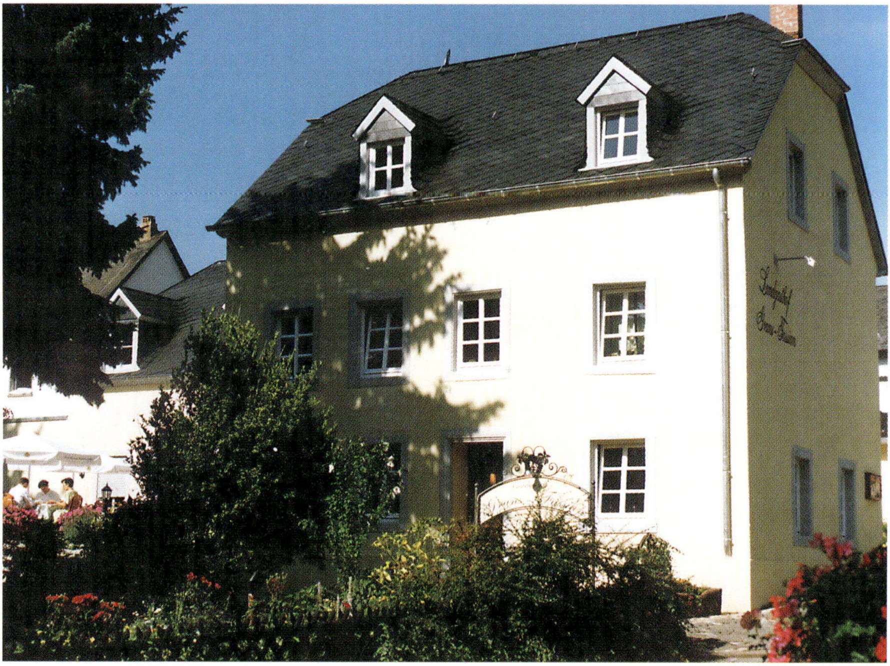

Das Wichtigste in Kürze

Nur 50 Meter bis zum Moselufer sind es von dem hübschen hellgelben Gasthof aus. Gekocht wird fast nur mit Produkten, die es in dieser Region gibt und die der Koch selber gern ißt. Moselweine sind selbstverständlich. Bootsanlegeplatz im Ort.

Preise:	Speisen und Getränke mittel
Öffnungszeiten:	12.00 bis 14.00 Uhr, 18.00 bis 22.00 Uhr, Montag Ruhetag, Betriebsferien 3 Wochen im Januar.
Anschrift:	Landgasthof Grans-Fassian, Moselpromenade 4, 54349 Trittenheim, Telefon: 06507/2033, Fax: 06507/701092
Spezialitäten:	Saure Schweineniere mit Bratkartoffeln
Sitzplätze:	70 in zwei Räumen, Terrasse 60

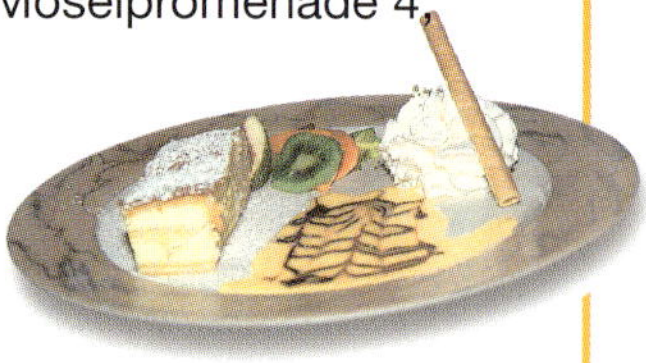

Die Grundmauern des ehemaligen Weinguts stammen aus dem Jahre 1872.

Ein Teil wurde zwischendurch abgerissen und wieder neu auf- und ausgebaut. Ein Brunnen ist noch Zeuge der alten Zeit. Besonders gemütlich und urig ist es in der Winzerstube geworden – mit Holzfußboden, Holzdecke und Schieferwänden.

Der schmucke Landgasthof wirkt schon von außen mit seiner hellgelben Fassade und den weißen Sprossenfenstern einladend. Vor dem Haus ist alles mit altem Kopfsteinpflaster neu verlegt. Wenn man auf der gemütlichen Terrasse tafelt, kann man anschließend gleich ein paar Meter hinunter zur Mosel gehen. Der junge Koch verarbeitet hauptsächlich Regionales. So bekommt man auch einen aus der Mosel gefangenen Fisch wie den Zander auf den Teller.

Liebhaber von Innereien müssen unbedingt die saure Schweineniere mit Bratkartoffeln probieren. Besonders herzhaft sind auch die Maultaschen mit Zwiebelschmelze und lauwarmem Kartoffelsalat (als günstiges Gericht auf der Vesperkarte). Daß dazu Moselweine getrunken werden, versteht sich von selbst. Eine Auswahl steht vom Weingut des Verpächters Grans-Fassian zur Verfügung. Das Backen wird der Wirtin überlassen. Ihr gelingen besonders gut die »Witwenküsse« und die »Vanille-Seufzerle«.

Der Weg

Die Autobahn Saarbrücken – Trier A 1, Abfahrt Mehring, dann Richtung Thalfang, in Büdlicherbrück links nach Trittenheim. Oder A 48 Koblenz – Trier, Abfahrt Schweich, Richtung Bekond, Leiwen, Trittenheim.

Sehenswürdigkeiten

Im Ort das Trithemius-Denkmal und -Geburtshaus, Laurentiuskapelle (von hier aus schöne Aussicht über die Mosel). 35 km bis Trier (römische Reste: Amphitheater, Thermen, Basilika, Römerbrücke, Kirchen), Luxemburg (Tagestour), Schiffahrt bis Bernkastel (Anlegestelle ein paar Meter vor dem Gasthof), Ruine der Burg Bernkastel, das Bernkasteler Rathaus.

Reizvolle Wege

Organisierte Weinwanderung mit Weinproben (die berühmtesten Sorten: Apotheke und Altärchen), Promenadenspaziergang an der Mosel entlang, Riesling-Wanderweg oberhalb der Weinberge, Panoramawanderweg nach Neumagen, dem ältesten Weinort Deutschlands (3 km).

65 Gasthaus Alte Schenke, Versmold

Das Wichtigste in Kürze

Hier wird richtig westfälisch gekocht, ohne Einfluß ferner Küchen. Das wird auch so bleiben, denn der Gastwirt ist ein Verfechter der regionalen Kost und engagiert sich im Verein Westfälische Küche. Eine große Auswahl an deutschen Weinen hält er für seine Gäste bereit.

Preise:	Speisen und Getränke mittel
Öffnungszeiten:	Täglich 17.30 bis 22.00 Uhr, Sonn- und Feiertage 12.00 bis 14.30 Uhr, 17.30 bis 22.00 Uhr (warme Küche), Montag und Dienstag Ruhetage
Anschrift:	Alte Schenke, Bockhorst 3, 33775 Versmold, Telefon: 05423/94280, Fax: 05423/942828
Spezialitäten:	Wurstebrei aus Rindfleisch mit Bratkartoffeln, warmer Salat aus Schweineohren, Streifen vom Knochenschinken und Bauernschmand auf einem Reibekuchen
Sitzplätze:	80
Unterkunft:	2 Doppel- und 1 Einzelzimmer
Unterkunftspreise:	Günstig bis mittel

Über 250 Jahre alt ist der Fachwerkkotten in Versmold. Sein gastronomischer Werdegang begann 1888 mit der Schankerlaubnis für den Urgroßvater des jetzigen Wirtes. Er war von Beruf Bäckermeister, wie alle in der Familie, nutzte den Hof als Gaststätte mit Bäckerei und Lebensmittelverkauf. Nach und nach, über die nächste Generation hinweg, vergrößerte sich der Kotten zu einem Landgasthof mit Hotelzimmern. Ende der 50er Jahre wurde die Bäckerei, 1969 das Lebensmittelgeschäft aufgegeben. 1976 übernahm, in Erbfolge, der heutige Besitzer das Gasthaus. Dem gelernten Hotelfachkaufmann gelang es, an die Erfolge seines Vaters anzuknüpfen. Die Alte Schenke wurde 1995 als westfälisches Haus des Jahres ausgezeichnet.

Auf der Weinkarte nur deutsche Gewächse. Daß der Hausherr sich für die einheimischen Erzeugnisse so stark machte, blieb schon 1988 nicht ohne Folgen: Er erhielt den Riesling-Preis. Inzwischen gehört zum Betrieb eine eigene Weinhandlung mit eigenem Etikett. In der Auswahl und auch in der Bezeichnung der Speisen bleibt man bodenständig, unverfälscht und direkt. Unbedingt überraschen lassen muß man sich vom »Westfälischen Abendbrot«: eine Auswahl von heimischen Gerichten in fünf Speisenfolgen.

Die Alte Schenke lädt förmlich ein zum Kurzurlaub. Es gibt schöne Wander- und Ausflugsziele, wie zum Beispiel der nahe gelegene Teutoburger Wald.

Der Weg

Autobahn Dortmund – Hannover A 2, Ausfahrt Enningerloh, auf der B 475 bis Sassenberg, hier rechts zur B 76, die direkt nach Versmold führt.

Sehenswürdigkeiten

Mitten im Ort der Schweinebrunnen, das Heimatmuseum in einem alten Fachwerkbau, die Bockhorster Dorfkirche aus dem 12. Jahrhundert (gegenüber der Alten Schenke). In nächster Umgebung: Das Wasserschloß Holtfeld, Schloß Tatenhausen und die Ravensburg.

Reizvolle Wege

Vom Hause aus viele interessante Fahrradwege ins Münsterland. Zahlreiche beschilderte Rundwege. Spezielle Karten sind im Ort zu haben. Tip: Mit dem Mountainbike 10 km in den Teutoburger Wald hineinradeln. Oder mit dem Auto zu beschilderten Parkplätzen und dann zu Fuß weiter.

66 Mühlenhof, Vitte (Hiddensee)

Das Wichtigste in Kürze

Eins der besten Gasthäuser der Insel. Erst seit Dezember 1997 bietet der Mühlenhof Unterkunft. Ein reetgedecktes Gästehaus mit Apartments steht gleich nebenan. Autos auf der Insel sind nicht erlaubt, nur Versorgungsfahrzeuge dürfen fahren.

Preise: Speisen und Getränke günstig
Öffnungszeiten: Saison täglich ab 11.00 Uhr – bis der letzte Gast
                   geht. Sonst Dienstag und Mittwoch Ruhetage,
                   November geschlossen
Anschrift: Mühlenhof, Wiesenweg 58, 18565 Vitte (Hiddensee),
                   Telefon und Fax: 03 83 00/2 17
Spezialitäten: Elchbraten, Aal grün, süße Sanddornspezialitäten wie
                   heiße Sanddorncreme über Vanilleeis oder Sand-
                   dornlikör (die Früchte dieser Strauchart
                   haben den höchsten
                   Vitamin-C-Gehalt)
Sitzplätze: 50, im Garten 80
Unterkunft: 11 Apartments
Unterkunftspreise: Günstig

Hier bietet schon der Anfahrtsweg Erholung. Von Möven begleitet, setzt man mit dem Schiff von Rügen über nach Hiddensee. Das Auto bleibt auf einem überwachten Parkplatz stehen. Die Insel (18,5 Kilometer lang) mit ihrem 15 Kilometer weißen Sandstrand ist eine Perle für Naturfreunde. Wandernd, mit dem Fahrrad oder mit der Kutsche kann man diese zauberhafte, abwechslungsreiche Landschaft erkunden.

60 Prozent von Hiddensee gehören zum Vorpommerschen Nationalpark. Mit einigen Ausnahmen gehören die Restgebiete zum Landschaftsschutzgebiet. Der Mühlenhof liegt im Hauptort, in dessen Hafen schon im 13. und 14. Jahrhundert die Fischer und Händler eintrafen. In dem familiär geführten Haus steht die Gastwirtin selbst in der Küche und zaubert pommersche Hausmannskost, frischen Fisch und Hausgeräuchertes. Anschließend sollte unbedingt vom Sanddornlikör oder Holunderschnaps gekostet werden. Beliebt ist der Gasthof auch zur Weihnachtszeit und zum Jahreswechsel. Die elegant eingerichteten Ferienwohnungen sind ganz neu im Programm.

Seit über 100 Jahren ist der Hof schon ein Gasthaus. Zu DDR-Zeiten diente er Reichsbahnern als Ferienwohnheim.

Der Weg Von Schaprode auf Rügen (Auto bleibt dort stehen) setzt man mit dem Schiff über. Etwa eine dreiviertel Stunde Fahrzeit. Mit dem Wassertaxi, das auch nachts fährt, braucht man nur eine viertel Stunde. Für Bahnreisende ist die Verbindung von Stralsund aus besser. Mit dem Schiff 2 Stunden unterwegs.

Sehenswürdigkeiten Die Ruine des ehemaligen Zisterzienserkloster (1296 bis 1536), in unmittelbarer Nähe des Hafens. Das Wahrzeichen der Insel, der Leuchtturm auf dem Dornbusch, ist von hier aus in 30 Minuten zu Fuß zu erreichen. Auch zu empfehlen: Gerhard-Hauptmann-Haus und Heimatmuseum. In Neuendorf ist noch die ursprüngliche Fischerdorfanlage von 1700 zu erkennen. Der Ort Grieben ist das älteste und kleinste Dorf der Insel (1297).

Reizvolle Wege Auf drei befestigten Radwanderwegen kann man die ganze Insel erkunden: Wiesenweg, Süder- und Norderende. Sie führen an der Heide entlang. Die vielen naturbelassenen Wege führen auch durch reizvolle Heidelandschaft.

67 Landgasthof Kirschgarten, Wackernheim

Das Wichtigste in Kürze

Mitten im Ort und unmittelbar neben der Dorfkirche befindet sich der leuchtend weiße Gasthof. Der kleine Ort über dem Rheintal ist nur drei Kilometer von Mainz entfernt und das Naturschutzgebiet Rabenkopf grenzt hier an. Kunst (kleine Galerie) und Weinproben werden hier unter einem Dach geboten.

Preise:	Speisen und Getränke mittel
Öffnungszeiten:	Täglich 18.00 bis 24.00 Uhr, Sonntag auch 12.00 bis 14.00 Uhr
Anschrift:	Landgasthof Kirschgarten, Kleine Hohl 2, 55263 Wackernheim, Telefon: 06132/58296, Fax: 06132/56696
Spezialitäten:	Wackernheimer Dippehas (Hase im Topf)
Sitzplätze:	100 in drei Räumen, Garten 40

67

Die Wirtsleute kommen ursprünglich aus ganz anderen Berufen und haben hier ihr Hobby zur Hauptaufgabe gemacht. 1991 haben sie den schon längere Zeit leerstehenden Gasthof neben der alten Bruchsteinmauer hinter der Dorfkirche übernommen. Er soll bereits im 18. Jahrhundert ein Wirtshaus gewesen sein. Umgebaut, modernisiert und durch ein Gartenzimmer vervollständigt, ist er oft ausgebucht. Allein die vielen Stammkunden aus dem Rhein-Main-Gebiet lassen sich hier regelmäßig blicken. Im Sommer gibt der hübsche Garten mit seinen Pappeln und dem großen Kirschbaum weitere 40 Plätze her. In der Hauptsache werden hier ländlich-regionale Gerichte serviert wie Zwetschgenlende, die hausgemachte Fleischsülze, Wild von Wackernheimer Jägern und die Winterspezialität des Hauses: Dippehas, nach einem alten Rezept.

An den Piemonteser Weinen und der Auswahl an Grappa erkennt man die Wertschätzung des Nachbarlandes, was aber nicht bedeutet, daß die Weine aus der Region zu kurz kommen. So wird beispielsweise der Wackernheimer Silvaner auch in 0,2 Liter Gläschen ausgeschenkt.

In der ehemaligen Gaststube, jetzt Vinothek, und in der kleinen Galerie entdeckt man ein weitere Vorliebe der Wirtsleute – die Kunst: Die Vinothek ist mit Holzschnitten eines Schwalbacher Bildhauers ausgestattet, und in der Galerie wechseln die Ausstellungen von Bildern und antiken Möbeln. Nebenan hält eine kleines Lädchen Olivenöl und Wein zum Kauf bereit.

Der Weg A 60 Mainz – Bingen, Ausfahrt Mainz-Finthen, Richtung Ingelheim, in Wackernheim an der Ampel rechts, die dritte Kreuzung wieder rechts. Fährt man bei der Ausfahrt Ingelheim-Ost ab, geht es über Heidesheim nach Wackernheim.

Sehenswürdigkeiten Nur wenige Kilometer bis Mainz: Mainzer Dom, Kirche Sankt Stephan mit Chagall-Fenstern, Kurfürstliches Schloß (17. Jh., zum Teil Römisch-Germanisches Zentralmuseum). Zur Stadt der heiligen Hildegard, Bingen, gute 12 km.

Reizvolle Wege Wanderweg durchs Hügelland bis Ingelheim (5 km). Spazierweg zur Burgkirche, von da aus eine halbe Stunde Weg zu den Ruinen aus dem 8. Jahrhundert (Königspfalz von Karl dem Großen). Drei markierte Wanderwege führen um den Ort Wackernheim herum (1 bis 3 Stunden), mitten durch Obst- und Weinanbau. Immer wieder hat man dabei einen schönen Blick auf den Rheingau. Ein Weg führt durch das Naturschutzgebiet Rabenkopf mit seinen Flugsanddünen und seltenen Pflanzen.

68 Hotel-Gasthof Glänzelmühle, Waldenburg-Oberwinkel

Das Wichtigste in Kürze

Nicht weit von der Autobahn Erfurt/Chemnitz lädt in einer reizvollen Gegend die Glänzelmühle zur Einkehr und auch zum Übernachten ein. Viele Sehenswürdigkeiten gibt es im Mulder Tal zu besichtigen, wenn man nicht einen Ausflug ins Erzgebirge unternimmt.

Preise:	Speisen und Getränke günstig
Öffnungszeiten:	Dienstag bis Freitag 15.00 bis 23.00 Uhr, Samstag 11.30 bis 23.00 Uhr, Sonntag bis 20.00 Uhr, Montag Ruhetag
Anschrift:	Hotel-Gasthof Glänzelmühle, Am Park 9b, 08396 Waldenburg-Oberwinkel, Telefon: 037608/22447 und 21015, Fax: 037608/21017
Spezialitäten:	Köstritzer Zwiebelfleisch, Hagebuttensuppe mit Kokosflocken
Sitzplätze:	76 in zwei Räumen, Teichterrasse 30, Biergarten 150
Unterkunft:	5 Einzel-, 11 Doppelzimmer
Unterkunftspreise:	Günstig, Halb- und Vollpension

68

Natur pur umgibt den alten Mühlengasthof: Er steht mitten im 200 Jahre alten, 105 Hektar großen Grünfelder Park, und gleich in der Nähe fließt die Mulde. Der Park wurde damals von Otto Carl Friedrich von Schönburg-Waldenburg im englischen Stil angelegt. Wenn man ihn durchstreift, trifft man immer wieder auf historische Bauwerke und schöne Alleen. Für Erholungsuchende eine lohnende Adresse, um hier Natur und Stille zu genießen oder auch mit Ausflügen die Landschaft in dem nicht weit entfernt gelegenen Erzgebirge zu erkunden.

Bis 1950 hat die Glänzelmühle aus dem Jahre 1724 ihren Dienst verrichtet. Ein Gasthof gehörte schon immer zu ihr. Zwischendurch war das ganze Anwesen als Kinderferienanlage umfunktioniert worden. Erst 1993, ein paar Jahre nach der Wende, hat der Inhaber mit seinen Wirtsleuten den Gast- und Hotelbetrieb wieder aufgenommen. Seitdem bemühen sie sich, Ausflügler und Urlauber zu verwöhnen. Fische und Fleisch stammen aus der Umgebung. Die gut sortierte Speisekarte kann den unterschiedlichsten Wünschen etwas anbieten: die Sächsische Kartoffelsuppe mit Grillwürstchen, die geschmorte Wildhasenkeule, Matjes oder das Rotzungenfilet. Dazu gibt es sächsisches Bier.

Um die Glänzelmühle rankten sich schon immer Sagen und Geschichten. So soll zum Beispiel der Müller einst in großer Not dem Teufel seine Seele vermacht haben, damit es den Bewohnern und der Mühle immer gut gehe.

Der Weg Autobahn A 4 Erfurt – Chemnitz, Abfahrt Glauchau, dann die B 175 bis Remse, dann rechts über die Zwickauer Mulde, gleich wieder links, dann rechts bis Waldenburg-Oberwinkel. Oder die Abfahrt Hohenstein-Ernstthal nehmen und dann über die B 180 nach Waldenburg-Oberwinkel.

Sehenswürdigkeiten Heimatmuseum und Naturalienkabinett, Park mit Schloß, Ausflug ins Erzgebirge nach Johanngeorgenstadt und Annaberg-Buchholz, 25 km bis zur Karl-Marx-Stadt Chemnitz, nach Glauchau, ins Tal der Burgen: Lichtenstein, Wolkenburg, Rochsburg, Rochlitz, Colditz.

Reizvolle Wege Wanderungen durch den Grünfelder Park, Wanderweg durch das Tal der Burgen und an der Mulde entlang, Kremserfahrten.

69 Neumühle, Wartmannsroth

Das Wichtigste in Kürze

Unmittelbar am Ufer der fränkischen Saale, umgeben von Wäldern, Wiesen und Feldern, liegt diese ehemalige Getreidemühle. Rund um das gut erhaltene Fachwerkhaus gibt es ein individuelles Freizeitangebot wie Angeln oder Boule. Nur eine gute Stunde von Frankfurt/Main entfernt.

Preise:	Speisen und Getränke mittel bis gehoben
Öffnungszeiten:	12.00 Uhr bis 14.00 Uhr, 18.00 bis 21.30 Uhr.
	Betriebsferien: ca. 3 Wochen im Januar
Anschrift:	Hotel-Restaurant Neumühle, Neumühle 54,
	97797 Wartmannsroth, Telefon: 09732/8030,
	Fax: 09732/80379
Spezialitäten:	Spanferkelsülze, Maultaschen mit Pilzen, Zanderfilet
	in Limonenkruste
Sitzplätze:	94, in drei Tagungsräumen 52, Garten 30
Unterkunft:	28 Zimmer, 2 Apartments bis
	je 4 Personen.
Unterkunftspreise:	Gehoben, Arrangements wie
	Neumühler Golftage. Schwimmbad,
	Fahrräder, Boule-Spiele und Ruderboote kostenlos

69

Die Geschichte der Mühle reicht bis ins Jahr 1520. Da wurde sie erstmals urkundlich erwähnt. Damals war sie Eigentum der edlen Ritter von Flach: die »Flacher Mühle«. Im Verlaufe des 30jährigen Krieges wurde sie fast vollkommen zerstört. Die Ruine ging 1660 in den Besitz des Juliusspitals von Würzburg über. Erst 20 Jahre später entstand an derselben Stelle die »Neumühle«. Nach dem 2. Weltkrieg verfiel sie langsam. Erst in den 70er Jahren wurde sie wiederentdeckt und allmählich nach historischem Vorbild wieder aufgebaut. Alles wurde in der traditionellen Bauweise des Fachwerks und der Handwerkskunst gearbeitet. Die Einrichtung sollte dazu passen: alte Bauernmöbel aus dem 18. und 19. Jahrhundert, Bilder von niederländischen und flämischen Malern, erlesene Teppiche. Am gelungensten ist die Gaststube »Scheune« mit dem spitzgiebeligen Dach und dem Kamin mitten im Raum. Wobei eigentlich das rustikale Ofenzimmer als Herzstück des Hauses gilt.

Jahre später kamen dann die Fremdenzimmer und ein Schwimmbad hinzu. Inzwischen nutzen viele Wochenendurlauber diese Herberge mit den Freizeitmöglichkeiten, den regionalen und internationalen Speisen: Lammkarree, Wachtelkoteletts, Spanferkelsülze oder Rochenflügel in Currybutter gebraten – für jeden Geschmack ist etwas dabei. Dazu gibt es hauptsächlich Weine aus der Region wie die fränkischen Schoppenweine.

Der Weg

Der Weg: Autobahn Frankfurt – Würzburg A 3, Ausfahrt Hösbach in Richtung Lohr, Gemünden-Hammelburg. In Hammelburg-West stadteinwärts, nach der Brücke links. Oder Autobahn Kassel – Fulda – Nürnberg A 7, Ausfahrt Hammelburg. Für beide Anfahrtsrichtungen: immer Richtung Bad Brückenau. An der Ampel (Post) nach links in Richtung Diebach abbiegen, am Ortsende links nach Morlesau fahren.

Sehenswürdigkeiten

Frankens älteste Weinstadt Hammelburg ist 5 km entfernt. Zu den Bad Kissinger Musikfestivals. Gesundbrunnen Max und Luitpoldquellen. Zum 928 Meter hohen Kreuzberg, die höchste Erhebung der fränkischen Rhön, die Kreuzberger Kirche. Die 1200jährige Bischofs- und Universitätsstadt Würzburg ist 60 km entfernt.

Reizvolle Wege

Der südliche Ausläufer der Rhön besitzt zwischen Saale und Sinn ein markiertes Wegenetz von mehr als 500 km Umfang. Nach der Informationsschrift »Rund um die Neumühle« fragen. Radwanderung zur Windsheimer Schloßkirche, versteckt in einem Tal, am Fuße des 366 Meter hohen Reesberges (etwa 3 km).

70 Hauers Landgasthof, Weßling-Oberpfaffenhofen

Das Wichtigste in Kürze

Nur 30 Autominuten von München entfernt liegt in ländlicher Idylle dieser Gasthof mit Biergarten der feinen Art. Gehobene regionale und deutsche Spezialitäten werden drinnen und draußen serviert. Der Küchenchef und Besitzer ist unter Gourmetfreunden keine unbekannte Größe.

Preise:	Speisen gehoben, Getränke mittel bis gehoben
Öffnungszeiten:	Dienstag bis Samstag 18.00 bis 1.00 Uhr, Sonntag 12.00 bis 14.30 Uhr, 18.00 bis 1.00 Uhr, Montag geschlossen.
Anschrift:	Hauers Landgasthof, Argelsriederstraße 1, 82234 Weßling-Oberpfaffenhofen, Telefon: 08153/1881, Fax: 08153/4318
Spezialitäten:	Hausgemachte Fasanenterrine, gesottene Kalbshaxe in Pfefferwurzelsud auf Kapern-Senf-Soße
Sitzplätze:	65, Garten 80

Im Herzen des Starnberger Fünf-seenlandes liegt das renovierte Landgasthaus. Seit fünf Jahren ist das ehemalige Bauernhaus in neuem Besitz. Für Bayernurlauber, Sonntagsausflügler oder solche, die einfach mal aus dem nahe ge-legenen München flüchten wollen, ist es ein attraktives Ausflugsziel.
Die Mischwälder und Seen im Umkreis laden zu langen Spaziergängen ein.
Im alten Bauernhaus gab es immer mal wieder einen Gastronomiebetrieb, aber erst mit dem neuen Besitzer, der sein Konzept geschmackvoll realisiert hat, lebt er auf. Gemütlich und stilvoll sitzt man in den naturholzgetäfelten Nischen. Das besondere aber ist die gehobene bodenständige Küche. Daß der Küchenchef imstande ist, seine Gäste auf den Geschmack zu bringen, hat er mit seinem früheren fränzösischem Restaurant in München bereits bewiesen. Es zählte im-merhin zu den 50 besten in Deutschland. Die Speisen der Nachbarländer kom-men jetzt nur noch in den Spezialitätenwochen dran. Sonst steht mehr Deutsch-Bayerisches zur Wahl, wie beispielsweise eine halbe Bauernente, rösch gebraten, die gesottene Kalbshaxe, der Bachsaibling oder die pürierte Linsensuppe.

Der Weg Von München die A 96 nach Lindau, Ausfahrt Weß-ling/Oberpfaffenhofen, links Richtung Herrsching; am Anfang des Ortes Oberpfaffenhofen liegt das Gasthaus auf der rechten Seite.

Sehenswürdigkeiten St. Georgskirche im Ort (150 Meter), in Weßling die relativ neue Christ-König-Kirche mit ihrem dekorati-ven Zwiebelturm, Schloß Seefeld am Pilsensee (9 km), Kloster Andechs in etwa 20 km Entfernung.

Reizvolle Wege Zum Weßlinger See (10 Minuten) ein schöner Spazier-weg, der dann um den See herumführt. Eine gute Stunde Wanderweg ab See über Ettenhofen nach Hochstadt (Kirche). Zurück zum See und Gasthof über Neuhochstadt (dreiviertel Stunde für den Rückweg). Ein Wanderweg führt durch ein schönes Tal nach Seefeld, ein anderer durch den Toerringschen Wildpark bis Griesberg, der ein schöner Aussichtspunkt ist. Von dort aus starten auch Segelflieger.

Das Wichtigste in Kürze

Nicht nur für Gourmets ist der friesische Gasthof zwischen Bredstedt und Niebüll eine lohnende Einkehr im hohen Norden. Er ist seit 31 Jahren im Familienbesitz. In diesem Landgasthof wird schon seit 120 Jahren friesische Gastlichkeit gepflegt. Direkt an der B 5 gelegen, bietet Andresens Gasthof eine ideale Rastmöglichkeit auf dem Weg von oder zu den nordfriesischen Inseln.

Preise:	Speisen und Getränke gehoben
Öffnungszeiten:	Mittwoch bis Sonntag und Feiertage 12.00 bis 14.00 Uhr, 18.00 bis 22.00 Uhr. Montag und Dienstag Ruhetage, Betriebsferien: 15.1. bis 15.2.
Anschrift:	Andresens Gasthof – Friesenstuben, Dörpstraat 63, 25842 West-Bargum, Telefon: 04672/1098, Fax: 04672/1099
Spezialitäten:	Weidelamm, mit Kräutern gespickter Petersfisch auf Artischockenragout
Sitzplätze:	60, Saal 100
Unterkunft:	5 Doppelzimmer oder 3 Doppel- und 2 Einzelzimmer
Unterkunftspreise:	Mittel bis gehoben

Andresens Gasthof übernahm Elke Andresen-Selt vor 22 Jahren von den Eltern. Seit 18 Jahren bereits führt die Küche mit den neuen deutschen Speisen und »Feinem vom Lande« einen Stern. Hinter der klassisch roten Backsteinfassade demonstriert die Wirtin in der Alkovenstube, daß der friesische Stil charmant und gemütlich sein kann. Gleich im Eingang Delfter Kacheln und urige Deckenbalken in Mooreichenfarbe. Der Gasthof ist mit viel Geschmack eingerichtet. Man sitzt in bequemen Sesseln an fein aufgedeckten Tischen. Die Speisekarte ist zwar mit ihren sechs Hauptgängen überschaubar, trotzdem fällt die Wahl nicht leicht. Rote-Beete-Suppe mit glaciertem Kalbsbries, gebratenes Reh mit Rahmwirsing und Pflaumenklößen oder gratinierter Lammrücken mit Schnibbelbohnen. In der Wintersaison darf man mit einem verfeinerten Grünkohlgericht rechnen.

Wer über Nacht bleibt, bekommt ein reichhaltiges ländliches Frühstück. Während der Sommermonate sitzt man im Park, genauer gesagt im Gemüse- und Staudengarten, und läßt sich verwöhnen.

Für weitere Entspannung sorgen das Pilzesammeln in den nahegelegen Wäldern (im Umkreis von 12 km), der Kochkurs im Hause oder der Ausflug zu den Nordfriesischen Inseln und Halligen.

Der Weg

Von Hamburg knapp zwei Stunden Autofahrt in nördliche Richtung. A 23 bis Heide/Husum, weiter über die B 5 bis nach Bargum (etwa 17 km vor Niebüll, wo der Autoreisezug nach Westerland/Sylt startet).

Sehenswürdigkeiten

Das Nolde-Museum in Seebüll ist 20 km entfernt und das Theodor-Storm-Museum in Husum nur knappe 30 km. In Husum kann man fangfrische Nordseekrabben direkt vom Kutter kaufen. Das märchenhaft gelegene Wasserschloß Glücksburg bei Flensburg (53 km). Reizvolle Tagesausflüge bieten die rauhen Halligen (Gröde, Hooge) oder die Nordfriesischen Inseln Amrum, Föhr und Sylt.

Reizvolle Wege

Durch die Nähe zum Meer sind Wattwanderungen beliebt. Es bieten sich aber auch Spaziergänge durch die Bordelumer Heide (mit dem Rad 15 Minuten entfernt) an, vorbei an zahlreichen Fischteichen (ca. 5 km). Radtouren durch die Köge (eingedeichte Marschlandschaften), Hauke-Haien-Koog, Cecilienkoog, Sönke-Nissen-Koog (alle ca. 10 Minuten per Fahrrad entfernt). Wer den Wald lieber mag, geht durch den nahegelegenen Langenberger Forst (12 km).

72 Schloßwirtschaft Weyhern, Weyhern

Das Wichtigste in Kürze

Ein Besuch in die Schloßwirschaft lohnt sich, erst recht von dem nicht weit entfernten München. Bei schönem Wetter öffnet der Biergarten um 16 Uhr. Wer noch Zeit für abendliches Entertainment mitgebracht hat, darf Kabarett, Konzerte oder Bauerntheater genießen.

Preise:	Speisen und Getränke eher günstig. Alle Hauptspeisen auch als halbe Portionen
Öffnungszeiten:	Montag bis Freitag 17.00 bis 1.00 Uhr, Samstag, Sonn- und Feiertage 11.00 bis 1.00 Uhr
Anschrift:	Schloßwirtschaft Weyhern, 82281 Weyhern, Telefon: 08134/9144, Fax: 08134/9145
Spezialitäten:	Günstige und große Portion Weyherner Schweinsbraten mit handgeschnittenem, zwei Tage eingelegtem Blaukraut
Sitzplätze:	90 in zwei Räumen, Saal 140, Biergarten 300

72

Gegenüber dem ehemaligen Gut und Schloß Weyhern diente 1793 das Haus als Einkehr für Fuhrleute. Mitte der siebziger Jahre wurde die Wirtschaft liebevoll renoviert. Die alte Stube mit der gemütlichen umlaufenden Bank ist noch weitgehend erhalten. Auch die alten Türen mit den geschnitzen Jahreszahlen erinnern an das vergangene Jahrhundert. Idyllisch und sehr ländlich an einer Furt des Flüßchens Glonn liegt dieser Schloßgasthof. Weit und breit Feld, Wiese und Wald. Die nächsten Häuser kommen erst in 250 Meter Entfernung. Im Sommer sitzt man im Biergarten unter alten, schattigen Kastanien und einer 400 Jahre alten Linde. Erst seit eineinhalb Jahren bemühen sich die beiden neuen Schloßwirte mit ihrem Koch um die Gäste. Es wird großer Wert darauf gelegt, nur unbehandelte Produkte zu verwenden. Alle Speisen sind frisch und hausgemacht zubereitet. Die gutbürgerliche, bayerische Küche überrascht manchmal auch mit besonderen Kreationen wie mit Lachs gefüllten Zucchiniblüten. Die Gänsebrust und »anderes Federvieh« gibt's am Nikolaustag, zu Weihnachten und Silvester. In dieser Zeit dient das Brotzeithäusl als Glühweinstand. Auch die Kleinkunstbühne verdient Aufmerksamkeit.

Der Weg Autobahn München – Stuttgart A 8, Ausfahrt Odelzhausen. In Richtung Mering etwa 5 km. Man folgt dem Wegweiser Fuhrtmühle und fährt an dieser Mühle vorbei durch den nächsten Ort Egenhofen. Noch ein 1 km bis Weyhern zur Schloßwirtschaft.

Sehenswürdigkeiten Die Fuhrtmühle, historische, intakte Mühle, in der sich auch ein Museum befindet. In Augsburg (20 Minuten Autofahrt) die Fuggerei, die erste Sozialsiedlung in Deutschland, aus dem 16. Jh. Die Räume sind nur 1,90 Meter hoch. Außerdem die historische Altstadt (durch die unterschiedlich lange, ausgeschilderte Stadtspaziergänge führen) mit Rathaus, Perlachturm, St. Ulrich, Schaezlerpalais, Bert-Brecht-Haus und anderem Sehenswertem. 15 Kilometer bis Fürstenfeldbruck zum Kloster Fürstenfeld.

Reizvolle Wege Oberhalb der Schloßwirtschaft (ca. 200 Meter) führt ein Feldweg zur Fuhrtmühle. Man wandert etwa eine Stunde quer durch Felder und Wiesen, immer wieder ein Stück an der Glonn entlang und über Brücken bis nach Egenhofen. Weiter über Pfaffenhofen zur Mühle. Kurze Spaziergänge rund um den Gasthof.

73 Wirtshaus Mühlengrund, Wienhausen

Das Wichtigste in Kürze

Wie in Omas Stube sitzt man im historischen, denkmalgeschützen Mühlengrundhof. Jede Menge altes Handwerkszeug hängt an Decken und Wänden, und auch der Blick über den Teich erinnert an vergangene Zeiten: Das Kloster und die alte Mühle. Der Mühlengrund liegt am südlichen Ausläufer der Lüneburger Heide.

Preise:	Speisen und Getränke mittel
Öffnungszeiten:	Täglich 11.00 bis mindestens 22.00 Uhr
Anschrift:	Wirtshaus Mühlengrund, Mühlenstraße 1,
	29342 Wienhausen, Telefon: 05149/331,
	Fax: 05149/1383
Spezialitäten:	Mühlengrundpfanne (Truthahn,
	Lamm, Schweinefilet)
	mit Bratkartoffeln
Sitzplätze:	100 in zwei Räumen, im Saal bis 200, Garten 300

73

Nostalgieliebhaber kommen in dem kleinen Kloster-dorf Wienhausen voll auf ihre Kosten: Reizvoll sind der idyllische alte Dorfkern mit seinen traditionsreichen Häusern, die Mühle, das Kloster und nicht zuletzt der Mühlengrundhof. Das Fachwerkhaus wurde 1739 erbaut und 1993 unter Denkmalschutz gestellt. Damals wurde es als Kleinbauernstelle geführt. Erst 1840 durfte auch Gastronomie betrieben werden. Die frühere Namensbezeichnung »Unter den grünen Eichen« würde auch heute noch passen, denn die schönen 250 Jahre alten Bäume umrahmen das Wirtshaus immer noch.

Urgemütlich wird es auch in den Stuben, die mit allen möglichen alten Gebrauchsgegenständen dekoriert sind. Die Küche hat sich auf »traditionelle Speisen mit neuen Erkenntnissen« festgelegt. Neben der Mühlengrundpfanne stehen als Spezialität die knusprigen Rippchen mit einer Ofenkartoffel zur Wahl. In welcher Soße sie gebraten werden sollen, kann man selbst bestimmen: in Honig, Knoblauch, Feuersoße oder süß-sauer. Die neueste gastronomische Attraktion ist seit ein paar Monaten die kleine Hausbrauerei. Die Hersteller haben hierfür einen Eintrag ins Guinness-Buch der Rekorde bekommen, denn sie ist mobil und die kleinste der Welt. Gebraut wird das »Wienhäuser Naturtyp«, ein ungefiltertes Vollbier in den Sorten Hell, Dunkel und Hefe-Weizen.

Der Weg Autobahn Hannover – Hamburg A 7, Ausfahrt Celle, die B 214 über Celle nur ein paar Kilometer bis Richtung Bockelskamp/Wienhausen.

Sehenswürdigkeiten Im Ort: Kloster Wienhausen (1230), Sonderausstellung der gotischen Bildteppiche immer Freitag nach Pfingsten oder Sonderführung. Alte Wassermühle, Gutskapelle Oppershausen, wenige Minuten bis Dorfmuseum Langlingen, mehrere alte Speicher in der Umgebung, 8 km bis zum romantischen Städtchen Celle mit Schloß und Parkanlagen. Organisierte Kutsch- und Bootsfahrten (auf der Aller und Oker).

Reizvolle Wege Romantischer Radwanderweg durch den Nonnen-chor-Park, vorbei am alten Dorfmuseum und an der Wassermühle. Man kommt an vielen Altwasserarmen der Aller vorbei. Radwanderweg durch den Buchenwald, vorbei an der alten Allee mit wieder original aufgebauten alten Heidehäusern. Weiter durch den Ortskern Nordburg, wo jeder Stein Geschichte ist.

Das Wichtigste in Kürze

Im Herzen von Ostfriesland liegt dieser reetgedeckte Hotel-Gasthof. Eine ideale Adresse für erfahrene Golfspieler und auch Anfänger, denn der Golfclub befindet sich direkt nebenan. Eine traumhafte Landschaft liegt dem Kurzurlauber zu Füßen. In nur wenigen Minuten ist man mit dem Auto an der Nordseeküste.

Preise:	Speisen und Getränke mittel
Öffnungszeiten:	10.00 bis 14.00 Uhr, 18.00 bis 22.00 Uhr (warme Küche), kleine Gerichte durchgehend, Januar und Februar geschlossen
Anschrift:	Blauer Fasan, Fliederstraße 1, 26639 Wiesmoor-Hinrichsfehn, Telefon: 04944/1047, Fax: 04944/3858
Spezialitäten:	Seeräuberteller, hausgemachtes Zimtparfait
Sitzplätze:	50, Terrasse 100, Mehrzweckraum Henne 110
Unterkunft:	26
Unterkunftspreise:	Mittel, Arrangements im Angebot

Zuerst war es das Moor, das weitestgehend trockengelegt werden mußte, und dann mußte man noch mit Verboten und Verordnungen von Amts wegen kämpfen. In der Entwicklung von der kleinen Jagdhütte des Jahres 1951 zum heutigen Landgasthof hatte der Blaue Fasan einiges durchzustehen. Nichts ging hier glatt. Weder der Name paßte den ostfriesischen Beamten noch das Strohdach oben drauf. Für Gastwirtschaften sei ein solches Dach nicht erlaubt, hieß es. Bis man sich nach Jahren einigte, war der Hof zwischenzeitlich zu einer Schule umfunktioniert worden. Doch alles nahm ein gutes Ende, und manche Gäste lassen sich die alte Geschichte ihrer friesischen Herberge gern erzählen. Wer sich hier nicht erholt, für den gibt's wohl kein Rezept. So wirkt schon das ostfriesische Teezeremoniell vor dem flackernden Kamin beruhigend, desgleichen die frische Luft auf der Gartenterrasse oder ein langer Spaziergang durch die stille Heidemoorlandschaft. Abends läßt man sich am fein aufgedeckten Tisch im Restaurant verwöhnen. Die Wahl bei den Speisen ist nicht einfach: Deftiges von der Küste, wie den Seeräuberteller mit Krabben, Brathering, Lachs und Bratkartoffeln, oder lieber etwas Pikantes aus dem Kupfertopf?
Für golfspielende Hausgäste gibt es günstige Wochenendangebote, die alles beinhalten. Die 18-Loch-Anlage bietet das typische ostfriesische Landschaftsbild: viele Teiche, Wälder, Gräben und Feuchtbiotope. Der Nichtgolfer kann seine Geschicklichkeit im Torfstechen ausprobieren. Dauert nur einen halben Tag, und der Abschluß wird gekrönt durch das Moordiplom.

Der Weg Autobahn Oldenburg – Leer A 28, Ausfahrt Westerstede, die B 75 bis Remels, dort rechts in Richtung Wiesmoor. Vor dem Ort links den Hinweisschildern »Blauer Fasan« folgen.

Sehenswürdigkeiten Zum Hof gehörige Gärtnerei: 8 ha Glasfläche, 100 ha Baumschule; Moorkolonistenhaus (Geschichte von Wiesmoor z. B. über Torfabbau) und Blumenhalle im Ort (März bis Oktober wechselnde Ausstellungen). 20 Minuten Autofahrt bis zur Küste. 30 km bis Leer, von wo man sich auf einer kleinen handgezogenen Fähre auf die andere Seite der Ems bringen lassen kann (10 Minuten Fahrt).

Reizvolle Wege Ein Weg führt über den Golfplatz, entlang schöner Rhododendronbüsche, in den Ort. Mit dem Fahrrad auf kleiner Straße, so lang man will und kann (Fernroute: 168 km durch Ostfriesland). Natürlich steht auch der Autobus zur Verfügung. 3 bis 4 km sind es bis zum Kanal, der zu einer beschaulichen Bootsfahrt einlädt.

Weitere empfehlenswerte Gasthöfe

(Alphabetisch nach Ortsnamen)

Prösslbräu Adlersberg
Dominikanerstraße 2-3
93186 Adlersberg
Telefon 09494/1822

Brunnenwirt
Wiechs 7
83075 Bad Feilnbach
Telefon 08066/90550

Brogsitter's Sanct Peter
Walporzheimerstraße 134
53474 Bad Neuenahr-Ahrweiler
Telefon 02641/97750

Hof Hueck
Im Kurpark
59505 Bad Sassendorf
Telefon 02921/96130

Landhaus Meinsbur
Gartenstraße 2
21227 Bendestorf
Telefon 04183/77990

Zum Klosterbräu
Kirchplatz 1
86633 Bergen bei Neuburg/Donau
Telefon 08431/67750

Landgasthof Konik
Im Dorfe 6
21386 Betzendorf
(Lüneburger Heide)
Telefon 04138/51240

Landgasthaus Ströhmann
Gusternhainerstraße 11
35767 Breitscheid
Telefon 02777/304

Burrweiler Mühle
Burrweiler Mühle 202
76835 Burrweiler
Telefon 06323/980751

Landgasthaus Waldkrug
Graf-Sporck-Straße 34
33129 Delbrück
Telefon 05250/53203

Landgasthof Schneider
Hauptstraße 88
76857 Dernbach
Telefon 06345/8348

Aalkate
Königstraße 22
23769 Fehmarn-Lemkenhafen
Tel: 04372/532

Landgasthof Pickel
Marktplatz 5
96158 Frensdorf
Telefon 09502/334

Zur Scheune
55758 Harfenmühle
Telefon 06786/1304

Landgasthof Hittenkirchen
Hittostraße 8
83233 Hittenkirchen (Chiemsee)
Telefon 08051/2391

Landgasthof Engel
Prälat-Götz-Straße 17
87439 Kempten/Allgäu
Telefon 0831/22390

Hotel-Gasthof Alte Försterei
Markt 7
14913 Kloster Zinna
Telefon 03372/4650

Landgasthaus Peterhof
92268 Lehendorf-Etzelwang
Telefon 09154/4703

Zehntkeller
Weinstraße 5
76829 Leinsweiler
Telefon 06345/3075

Zur Schleuse
Truperdeich 35
28865 Lilienthal
Telefon 04298/2025

Gasthaus Fischküche Reck
Oberndorf 7
91096 Möhrendorf
Telefon 09131/47176

Hotel-Landgasthof Adler
Riegestraße 15
89192 Rammingen
Telefon 07345/96410

Hotel-Gasthof und Brauerei
Der Waldkater
Waldkaterallee 27
31737 Rinteln
Telefon 05751/17980

Gasthof Schwanen
88682 Salem
Telefon 07553/283

Klosterschänke
Am Schelzberg
77887 Sasbachwalden
Telefon 07841/25705

Zum Benediktiner
Weideweg 7
97359 Schwarzach am Main
Telefon 09324/9120

Gasthaus Weilachmühle
Am Mühlberg 5
85250 Thalhausen
Telefon 08254/1711

Schlie Krog
Dornstraße 9
24351 Thumby-Sieseby
Telefon 04352/2531

Café Restaurant Nachtigall
Am Hochwald 12
47589 Uedem
Telefon 02825/90780

Kronprinz von Bayern
Maximilianstraße 27
95632 Wunsiedel
Telefon 09232/7640

Register der Landgasthöfe